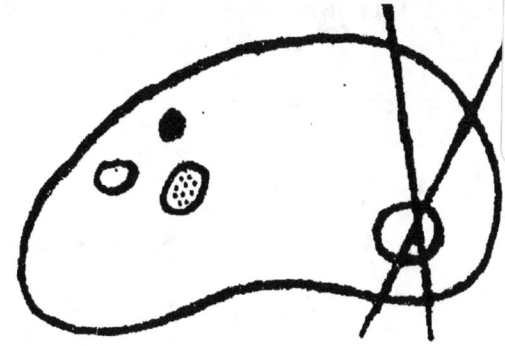

Début d'une série de documents en couleur

Daniel GENET

L'Enseignement d'Origène

SUR LA PRIÈRE

CAHORS 1903
Imprimerie A. Coueslant

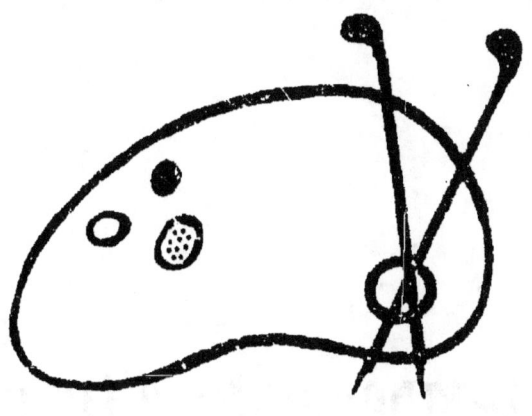

Fin d'une série de documents en couleur

Daniel GENET

L'Enseignement d'Origène
SUR LA PRIÈRE

CAHORS 1903
Imprimerie A. Coueslant

A mon frère

INTRODUCTION

Les documents de l'Eglise primitive qui nous restent sont pauvres en renseignements sur la prière. Les chrétiens d'alors priaient ardemment, mais ils ne songeaient pas à disserter sur ce qui était le principe même de leur vie religieuse. Les Epîtres du Nouveau Testament, les écrits des Pères apostoliques et des Apologètes, Clément d'Alexandrie, nous donnent des indications précieuses, mais il faut aller dans l'Eglise latine jusqu'à Tertullien et dans l'Eglise grecque jusqu'à Origène pour trouver un traité suivi sur ce point.

Origène écrivit son Περὶ Εὐχῆς vers l'an 235 environ, à Césarée de Palestine où il avait dû se réfugier, chassé d'Alexandrie par l'intolérance de l'évêque Démétrius. Deux de ses coreligionnaires, Ambroise et Tatiane, lui demandèrent de réfuter les arguments des adversaires de la prière ; Origène, après avoir répondu à leur demande, en profita pour donner un traité sur la prière en général, suivi d'une explication de l'Oraison dominicale.

Le livre du docteur alexandrin, assez court du

reste, semble avoir été écrit à la hâte. Le style en est souvent relâché ; les obscurités, les répétitions, les longueurs ne font pas défaut. Avant de terminer son ouvrage Origène promit à Ambroise et à Tatiane d'écrire sur le même sujet un autre traité supérieur à celui qu'il venait de composer ; pour des raisons que nous ignorons il n'a pu tenir sa promesse. Mais, en fait, par son contenu riche et varié, par les pensées profondes et la haute spiritualité qu'on y rencontre, le Περὶ Εὐχῆς tel qu'il nous a été conservé demeure un livre remarquable et digne de la plus sérieuse attention.

Notre ambition dans cette thèse serait, d'abord, d'exposer clairement l'enseignement d'Origène sur la prière en classant ses idées sur ce sujet et en leur laissant leur relief. Puis, nous voudrions examiner cet enseignement, montrer quelle en a été la genèse, quelles puissances diverses ont contribué à le former et, par suite, quels caractères généraux le distinguent.

Le livre *De la prière* restera notre source principale. Cependant les autres écrits d'Origène nous fourniront des exemples précieux et des compléments utiles pour connaître sa pensée. Nous citerons les textes du traité *De la prière* [1] et du *Contre Celse* d'après l'édition Kœtschau et les autres textes d'après l'édition Migne.

---

[1]. Pour plus de simplicité, nous indiquerons les textes du Περὶ Εὐχῆς dans le cours de notre travail, en les faisant précéder des initiales P. E.

Nous ne pouvons pas indiquer de bibliographie spéciale pour notre sujet. Il n'existe pas, à notre connaissance, de livre traitant d'une façon quelque peu complète l'enseignement d'Origène sur la prière. Deux ouvrages cependant donnent des indications utiles. Le premier, de M. Von der Goltz, (*Das Gebet in der ältesten Christenheit* Leipzig 1901) contient un court chapitre sur la prière chez Origène. Le deuxième, de M. Otto Dibelius (*Das Vaterunser, Umrisse zu einer Geschichte des Gebets in der alten und mittleren Kirche*, Giessen 1903) renferme également quelques pages sur notre sujet [1].

---

[1] Notre travail était terminé lorsque nous avons eu connaissance de ce dernier ouvrage, nous n'avons donc pu en profiter.

PREMIÈRE PARTIE

EXPOSÉ DE L'ENSEIGNEMENT D'ORIGÈNE SUR LA PRIÈRE

CHAPITRE PREMIER

LA NÉCESSITÉ DE LA PRIÈRE

Dans son Περὶ Εὐχῆς, avant d'aborder l'étude positive de la prière, Origène a un devoir à remplir. Il doit répondre au désir d'Ambroise et de Tatiane et leur montrer que, en dépit des arguments des adversaires, il est toujours nécessaire de prier.

Et d'abord quels sont les adversaires de la prière. Ils sont de deux sortes : les athées complets et ceux qui, tout en admettant Dieu, nient sa providence. Ces hommes devraient être les seuls, semble-t-il, à défendre une telle opinion. Mais la « puissance adverse » a suscité encore une troisième catégorie de personnages qui viennent à leur tour nier la nécessité de la prière et ceux-là se réclament du Christ. Ce sont des hérétiques qui ne veulent ni du baptême ni de l'eucharistie et soutiennent, en s'appuyant sur l'Ecriture, l'inutilité de la prière [1].

[1] P. E., 5, 1.

Origène ne nous donne pas plus de renseignements sur ces hérétiques. Clément d'Alexandrie nous parle des disciples d'un certain gnostique du nom de Prodicus qui eux aussi proclamaient l'inutilité de la prière [1]. Peut-être Origène fait-il allusion ici aux partisans de cette secte. En tout cas le caractère général de ces doctrines nous est donné. Nous sommes en présence d'hérétiques, qui, en s'appuyant sur l'Ecriture, croient pouvoir se passer des manifestations extérieures de la piété, rites ou paroles.

Origène néglige les deux premières classes d'adversaires. Il veut seulement répondre à ceux qui affirment Dieu et la Providence et il va, tout d'abord, sur l'invitation d'Ambroise et de Tatiane, exposer leurs arguments [2]. Ces arguments sont formulés en deux thèses : 1° La prescience divine rend toute prière inutile. Dieu sait tout ; il connaît d'avance ce qui nous manque ; à quoi bon alors le lui demander ? L'Ecriture ne dit-elle pas que Dieu sait ce dont nous avons besoin avant que nous le lui demandions ? N'est-il pas plus sage de s'en remettre au Père qui veille sur ses enfants que de lui adresser des prières qui peuvent être souvent imparfaites et condamnables ? 2° La prédestination divine rend toute prière inutile. Les desseins éternels de Dieu ne sauraient être modifiés. Prier pour changer la volonté suprême est aussi absurde que de prier pour que le soleil se lève ou pour qu'il fasse chaud en hiver. Il est inutile de prier pour obtenir la rémission

---

[1] Clément d'Alex. *Stromates*, l. VII ch. 7, 41.
[2] P. E., 5, 2-6.

des péchés ou le secours de l'Esprit. Ceux qui doivent être sauvés sont prédestinés avant même la fondation du monde et l'homme se trouve pris dans le dilemme suivant : ou il fait partie des élus et ne peut perdre son élection et alors la prière est inutile ou bien il fait partie des réprouvés et alors il prie en vain, car sa prière, fût-elle répétée mille fois, ne sera pas entendue.

Tels sont les arguments des adversaires qui, pour défendre leurs thèses, invoquent l'autorité de nombreux textes bibliques.

Origène va maintenant réfuter les arguments ainsi exposés et rassurer Ambroise et Tatiane [1].

Les adversaires soutiennent que l'homme agit fatalement, Origène va démontrer au contraire que l'homme est libre. Il envisage la nature tout entière et classe les êtres et les choses d'après le rapport qu'ils ont avec la liberté. En haut de l'échelle se trouve l'homme, être vivant, raisonnable et libre. L'homme se sent libre ; il a nettement conscience que c'est bien lui et non un autre qui mange, qui se promène, prend telle ou telle décision, accomplit tel ou tel acte. Et puis, le fait que nous rendons les hommes responsables de leurs actions suppose bien que nous les croyons libres. S'ils étaient conduits par une fatalité aveugle, ils ne pourraient être en aucune façon responsables. Or qui n'accuse un fils ingrat ? Qui ne blâme une femme adultère ?

Il ne faut pas dire que la prescience divine vient détruire la liberté humaine. La prescience divine n'est pas la cause des évènements. Un

[1] P. E. **6**.

événement qui doit arriver n'arrive pas parce qu'il est prévu, mais il est prévu parce qu'il doit arriver.

Dieu prévoit les actions libres et alors il dispose ses plans suivant ce libre arbitre lui-même. Dieu prévoit que tel homme fera volontairement le bien ou le mal et il prend les mesures nécessaires pour que cet homme-là reçoive la récompense ou le châtiment qu'il mérite. Il prévoit que tel homme priera pieusement, il décide alors de l'exaucer et arrange le cours des choses à cet effet ; de toute éternité il proportionne ainsi l'exaucement à la valeur de la prière par une décision immuable et en le faisant rentrer dans l'ordre providentiel.

Ainsi se trouvent réfutés les arguments des adversaires de la prière. Toutefois une question embarrasse encore Origène. Les adversaires disent qu'il est aussi inutile de prier en général que de prier pour que le soleil se lève. Origène veut aussi répondre sur ce point. Le soleil, la lune, les étoiles sont des êtres vivants, doués d'un corps subtil. Ils possèdent le libre arbitre et Dieu s'est servi de ce libre arbitre pour établir l'harmonie des cieux et le cours invariable des astres. Mais, tandis que nous autres mortels nous pouvons aisément sortir de la droite voie, les astres ne peuvent pas se laisser influencer par des choses étrangères. Leurs révolutions deviennent immuables parce qu'elles sont le fruit d'une décision immuable de leur libre arbitre. Il est donc parfaitement inutile de prier pour que le soleil se lève, mais cela n'infirme en rien la thèse générale de la nécessité de la prière, et les adversaires d'Origène sont encore une fois battus [1].

[1] P. E. 7.

CHAPITRE II

LA PRÉPARATION A LA PRIÈRE ET LES AVANTAGES QU'ELLE COMPORTE

Les objections contre la nécessité de la prière sont levées. Mais pour que l'homme puisse adresser à Dieu une prière convenable, il faut encore qu'il se prépare dignement. Il devra s'enquérir du lieu le plus propice à la prière, du temps qui doit lui être consacré, de l'attitude extérieure que devra prendre son corps durant ce saint exercice. Il faudra surtout qu'il se touve dans des dispositions morales sérieuses et profondes. De là, deux parties dans la préparation à la prière : la préparation extérieure et la préparation intérieure.

I. — PRÉPARATION EXTÉRIEURE

Le lieu de la prière. — Origène commence tout d'abord par formuler la thèse générale. S'appuyant sur un passage de l'apôtre Paul (I Thimothée **2**, 8) il estime que l'on doit prier en tout lieu [1]. Pour éviter d'être distrait, il est bon cependant de prier dans sa propre maison, en ayant soin toutefois de choisir à cet effet le lieu le plus convenable [2].

---

[1] P. E., **31**, 1; **31**, 4.
[2] P. E., **31**, 4.

Mais Origène donne encore, comme lieu de prière, la préférence à l'église, où se réunissent les Saints. Dans un passage caractéristique de son traité *De la prière*, il insiste sur la bienfaisante utilité du lieu de prière où se rassemblent les croyants [1]. A l'église, en effet, les anges gardiens veillent auprès de chaque fidèle, les esprits des bienheureux déjà morts sont présents, toute l'armée céleste regarde l'assemblée en prière, mais, d'autre part, les esprits mauvais, les démons, guettent eux aussi leur proie, prêts à saisir les pécheurs impénitents.

Sans doute le lieu de la prière ne confère pas à celle-ci une valeur spéciale, mais il vaut mieux ne prier avec personne que de prier avec des méchants. Et pour justifier cette dernière thèse, Origène montre que le Christ, quand il voulut ressusciter par la prière la fille de Jaïrus, chassa tout le monde de la maison, ne gardant avec lui que les trois apôtres qui l'avaient accompagné sur la montagne de la Transfiguration [2].

Le temps de la prière. — Ici également Origène commence par poser une thèse générale. S'appuyant sur une recommandation de l'apôtre Paul (I Thessaloniciens 5, 17), il estime que l'on doit prier sans cesse [3]. Très souvent, dans ses ouvrages, il revient sur cette parole de l'apôtre, et c'est toujours pour accentuer la nécessité de prier en tout temps.

Signalons, à titre d'exemple, cette apostrophe

---

[1] P. E., **31**; 6.
[2] *In Matthæum Commentariorum Series*, **89**.
[3] P. E., **10**, 2; **12**, 1.

tirée d'une homélie dont nous avons la traduction latine contre ceux qui ne s'adonnaient pas suffisamment à la prière : « Sine intermissione orandum Apostolus præcipit. Vos qui ad orationem non convenitis, quomodo impletis sine intermissione quod semper omittis [1] ? »

Cependant, le chrétien, à certaines heures, est tenu plus particulièrement de faire des prières. Nous devons prier trois fois par jour, ainsi que cela ressort d'exemples bibliques : le matin, le soir et au milieu de la journée. Enfin, il convient de faire une prière au milieu de la nuit [2]. Au besoin Origène rappelle l'enseignement formel de l'Ecriture à ceux qui négligent ces dernières prières [3].

Origène n'assigne pas à ces prières des heures très précises, du moins nous n'avons trouvé aucun texte qui l'indique clairement. Notons cependant un passage où il estime que nous devons prier Dieu dès que nous sortons du sommeil [4].

L'attitude du corps durant la prière. — La meilleure des attitudes du corps durant la prière est celle avec les bras étendus et les yeux levés. Origène y voit le symbole de la disposition particulière de l'âme du fidèle quand il prie [5].

Mais tout mesquin formalisme est vite repoussé. Telles ou telles circonstances peuvent nous forcer de donner à notre corps une tout autre

---

[1] **10**e *Homélie sur la Genèse*, 1.
[2] P. E., **12**, 2.
[3] *Selecta in Psalmos* : *Psaume* **118**, *vers.* 62.
[4] *Fragmenta in Proverbia*, ch. **3**, vers. 9.
[5] P. E., **31**, 2.

position ; la maladie, par exemple, peut nous contraindre à prier étant assis ou couché, et cela n'enlève rien à la valeur de la prière [1].

L'agenouillement est nécessaire quand le fidèle s'accuse devant Dieu de ses propres péchés, implorant la guérison et le pardon [2].

Origène se demande encore vers quelle région du ciel on doit diriger ses regards lorsqu'on est en prière. D'après lui, on doit toujours regarder la région où le soleil se lève. Et ceci est aussi un magnifique symbole : cela signifie que l'âme regarde vers le lever de la vraie lumière. Les chrétiens doivent observer avec soin cette pratique. Il faut blâmer ceux qui, sous prétexte que leur maison n'a aucune ouverture vers l'Orient, se croient dispensés de suivre cet usage [3].

Au reste, tous ces symboles ne valent que s'ils traduisent un état d'âme particulier. « Que m'importe, s'écria-t-il un jour dans une de ses homélies, si, venant à la prière, je ploie les genoux de mon corps devant Dieu et les genoux de mon cœur devant le diable ? Si je ne me tiens pas ferme en face des ruses du diable, je fléchis les genoux devant le diable [4]. »

Origène dit aussi un mot du vêtement convenable à ceux qui prient. Il recommande aux femmes chrétiennes de s'adonner à la prière dans une tenue modeste, sans parures ni coquetterie [5]

---

[1] P. E., **31**, 2.
[2] P. E., **31**, 3.
[3] P. E., **32**.
[4] **2**[e] *Homélie sur les Juges*, 3.
[5] P. E., **2**, 2; **9**, 1.

II. — DISPOSITIONS INTÉRIEURES.

Si Origène, quand il s'agit de prescriptions extérieures, ne prononce guère de règles absolues, il n'en est plus de même quand il s'agit de dispositions intérieures. Il accentue très nettement la nécessité pour le chrétien d'arriver à la prière avec des dispositions sérieuses et profondes.

Il insiste tout d'abord sur le pardon des offenses, la réconciliation entre frères avant la prière [1]. Il faut repousser toute colère, tout trouble de l'esprit, tout souvenir des injures reçues. Le pardon des offenses est le commandement suprême et Dieu n'oubliera nos propres péchés que si nous remettons aux autres les fautes qu'ils ont pu commettre envers nous.

Origène insiste également sur la nécessité du recueillement absolu comme condition de la vraie prière. Dès que le croyant veut s'adresser à Dieu, il doit chasser toute pensée étrangère de son esprit, ne plus s'occuper du monde qui l'entoure, ne plus faire attention à toutes les images extérieures qui pourraient venir l'obséder. L'âme recueillie doit demeurer seule en présence de Dieu [2].

En faisant l'exégèse des versets qui précèdent l'Oraison dominicale dans Saint-Matthieu, il montre que le lieu secret, le cabinet où le chrétien doit se retirer, selon l'invitation du Christ, pour mieux prier, n'est pas du tout un appartement, un lieu quelconque ; non, par là, le Christ nous a re-

---

[1] P. E, **8**, 1 ; **9**, 1 ; **9**, 3 ; **31**, 2.
[2] P. E, **9**, 1 ; **31**, 2.

commandé de rentrer en nous-mêmes de telle sorte que le monde environnant n'exerce sur nous aucune influence et que nous puissions ainsi, sans être embarrassés par des idées étrangères, adorer Dieu qui nous voit [1].

Une bonne prière doit aussi procéder d'un cœur pur. Il ne faut pas se présenter devant Dieu avec une mauvaise conscience [2]. Origène dira à Celse que les autels des chrétiens sont le cœur de chaque homme d'où s'élèvent des parfums dont l'odeur toute spirituelle est véritablement une douce odeur ; ces parfums sont les prières formées dans une conscience pure [3]. La prière du juste est de l'encens agréable à Dieu, mais celle de l'injuste est vaine [4]. Si nous souillons notre prière par des pensées mauvaises elle se transforme en péché [5]. L'encens, dira-t-il encore, que Dieu demande aux hommes de lui offrir et dont il reçoit la bonne odeur ce sont les « orationes ex corde puro et conscientia bona [6] ».

Origène estime aussi que l'on doit apporter à la prière la sincérité la plus grande. Il aime les hommes droits qui n'usent pas de subterfuges et ne jouent pas avec la piété. L'hypocrisie lui fait horreur. Nous le voyons dans le *Contre Celse* reprocher vivement à son adversaire ainsi qu'à divers philosophes d'accorder aux statues des dieux des honneurs apparents et d'entraîner ainsi la foule crédule, alors qu'eux-mêmes savent très

---

[1] P. E, **20**, 2.
[2] P, E, **8**, 1.
[3] *Contre Celse* l. **8**, 17.
[4] **18**ᵉ *Homélie sur Jérémie*, 10.
[5] *Selecta in Jeremiam* chap. **44**.
[6] **13**ᵉ *Homélie sur le Lévitique*, 5.

bien que ces divinités qu'ils feignent d'adorer sont de grossières idoles [1]. Dans l'*Exhortation au Martyre* il s'élève contre les chrétiens qui, en temps de persécution, rendent aux idoles un culte extérieur pour sauver leurs vies [2].

Dans son traité *De la prière*, avant d'en venir à l'explication de l'Oraison dominicale, Origène commente les paroles adressées par Jésus aux Pharisiens hypocrites. Il promet à ceux qui font de telles prières la récompense qu'ils méritent : ils sèment la chair, ils moissonneront de la chair la corruption [3]. Rien de ce qui paraît, n'est une vertu. Ceux qui font étalage de leurs qualités ressemblent à ces acteurs de théâtre qui jouent leur rôle mais qui, dans la vie réelle, ne font pas ce qu'ils disent et ne sont pas ce qu'ils paraissent être [4].

Enfin il nous reste encore à indiquer un autre point : Origène veut que ceux qui prient aient une confiance profonde dans la Providence divine. Il ne faut pas murmurer contre le dispensateur divin. Celui qui est content de ce qui arrive est libre de tout lien ; il n'étend pas sa main contre Dieu qui ordonne ce qu'il veut pour notre usage [5].

III. — Avantages qui résultent d'une telle préparation

Ces avantages sont nombreux et divers. Tout d'abord cette préparation à la prière est une con-

---

[1] *Contre Celse* l. **7**. 66.
[2] *De l'Exhortation au Martyre* **6**.
[3] P. E, **19**.
[4] P. E, **20**, 2.
[5] P. E, **10**, 1.

dition de l'exaucement possible [1]. Dieu proportionne l'exaucement à la valeur de la prière ; or cette valeur dépend des dispositions que nous apportons à la prière.

Un autre avantage provient de ce que l'âme a conscience qu'elle se trouve devant Dieu qui l'entend. De même que certaines images, expliquera Origène, souillent les pensées, de même la représentation de Dieu qui regarde les mouvements les plus secrets de notre être, nous apporte les plus grands bienfaits. Ceux qui se livrent fréquemment à la prière savent par expérience combien cette représentation de Dieu éloigne du péché et porte à la vertu. Si le souvenir d'un homme suffit à provoquer chez nous l'émulation et à arrêter nos mouvements vers le mal, combien plus nous sera utile le souvenir de Dieu joint à la prière, de Dieu père de tous, pour ceux qui sont persuadés qu'ils se trouvent en présence de Dieu qui les entend [2].

Au chapitre **9**, 2 de son traité *De la prière* Origène nous prévient qu'il veut encore ajouter quelque chose afin de montrer combien la préparation à la prière est profitable. Il prend comme points de départ deux textes des Psaumes : « Je lève mes yeux vers toi qui habites dans le ciel. (Psaume **123**, 1) et « J'élève mon âme vers toi, ô Dieu » (Psaume **25**, 1). Origène montre alors les yeux de l'esprit s'élevant loin de la terre et des représentations sensibles et dirigeant leurs regards jusqu'à une hauteur où, dominant les choses créées, ils ne pensent plus qu'à contempler Dieu.

[1] P. E, **10**, 1.
[2] P. E, **8**, 2.

Ces yeux ont part à une effusion de l'esprit divin, comme il est dit « Fais lever sur nous la lumière de ta face, ô Seigneur » (Psaume 4, 7). Et dans cette ascension magnifique la ψυχή s'élève, précédée du πνεῦμα ; elle se sépare du corps ; non seulement elle suit le πνεῦμα, mais elle va même jusqu'à se confondre avec lui, elle abandonne sa nature propre, elle devient une ψυχή πνευματική.

Grâce à la préparation profonde à la prière, nous sommes encore rendus plus capables de nous unir avec l'Esprit du Seigneur qui remplit toute la terre[1].

Enfin nous pouvons avoir l'assurance que le Christ, les anges et les saints déjà morts, voyant nos efforts et gagnés par notre zèle, viendront à notre secours et prieront avec nous et pour nous[2].

---

[1] P. E., **10**, 2.
[2] P. E., **10**, 2; **11**.

CHAPITRE III

LE CONTENU DE LA PRIÈRE

Le croyant s'est mis maintenant dans des dispositions spéciales et profondes ; son cœur est pur, il n'a aucune haine envers ses frères, il s'est recueilli avec confiance et en toute sincérité. Il peut maintenant faire monter vers Dieu sa prière. Quelle sera cette prière, quel en sera le contenu ?

Origène, pour distinguer les différentes sortes de prières, s'appuie sur un passage, bien diversement interprété, de l'apôtre Paul « Je recommande avant tout qu'on fasse des requêtes, des prières, des intercessions, des actions de grâces pour tous les hommes. (Παρακαλῶ οὖν πρῶτον πάντων ποιεῖσθαι δεήσεις, προσευχάς, ἐντεύξεις, εὐχαριστίας, ὑπὲρ πάντων ἀνθρώπων. I, Timothée, 2, 1). Prenant comme base ce texte de l'Apôtre, Origène divise les prières possibles en quatre classes : la δέησις, la προσευχή l'ἔντευξις, l'εὐχαριστία. —

I. *Prières formulées.* — La Δέησις. — Il nous faut d'abord savoir en quoi elle consiste au juste. Origène nous en donne une définition au chapitre **14, 2** de son traité *De la prière.* « ἡγοῦμαι τοίνυν δέησιν μὲν εἶναι τὴν ἐλλείποντός τινι μεθ'ἱκεσίας περὶ τοῦ ἐκείνου τυχεῖν ἀναπεμπομένην εὐχήν ». Cette définition et les exemples bibliques qu'Origène donne à l'appui nous montrent bien que nous avons affaire ici à la prière de demande proprement dite. Quand l'homme a besoin de quelque chose et qu'il demande à Dieu en suppliant de lui accorder ce qui lui manque, il emploie une telle prière.

Maintenant une question se pose. Que doit-on demander ? Peut-on demander toutes sortes de choses, ou bien faut-il faire un choix dans ses requêtes. Origène s'est longuement étendu sur cet important sujet.

Origène nous dit d'abord ce qu'il ne faut pas demander. Il faut se garder de demander les choses « petites et terrestres » μικρὰ καὶ ἐπίγεια. Ces mots reviennent constamment dans ses divers ouvrages quand il parle de la prière et il insiste toujours sur l'importance de cette recommandation. Nous nous contentons de renvoyer ici à quelques textes[1]. Ceux qui désirent posséder la vie spirituelle en Christ doivent s'abstenir de demander des choses petites et terrestres[2]. Celui qui demande des choses terrestres au Seigneur qui habite dans le ciel et au-dessus du ciel est semblable à un païen qui dit des choses vaines[3].

Mais en quoi consistent exactement ces choses « petites et terrestres » ? Par ces mots Origène désigne tout ce qui concerne le corps, les sens, les besoins matériels. Ce païen dont il vient de parler qui dit des choses vaines dans ses prières demande à Dieu ce qui concerne le corps et les choses extérieures (περὶ τῶν σωματικῶν καὶ τῶν ἐκτός[4]).

---

[1] *Selecta in Psalmos*, Psaume **4**, vers. 4 ; Psaume **27**, vers. 1 ; P. E., **8**, 1, etc.
[2] P. E., **13**, 4.
[3] P. E., **21**, 1.
[4] P. E., **21**, 1.

Origène dira à Celse que le chrétien adresse des prières à Dieu non pour des choses de peu d'importance, car il a appris de Jésus à ne rechercher rien de « petit », c'est-à-dire rien de ce qui regarde les sens[1] (μηδὲν μικρὸν τουτέστιν αἰσθητόν). Enfin au chap. **14**, 1 de son traité *De la prière*, Origène nous dit en propres termes que les « choses petites et terrestres » sont celles dont nous avons besoin pour notre corps (τὰ δὲ ἐπίγεια καὶ μικρὰ ὧν διὰ τὰς σωματικὰς ἀνάγκας χρήζετε ».

Un passage d'une des homélies d'Origène nous montre en quelle horreur il tenait les demandes matérielles et nous dévoile en même temps un usage qui devait être courant dans l'Eglise chrétienne d'alors. Souvent des malades, se sentant mourir, tendaient vers les frères qui venaient les visiter des mains languissantes et leur demandaient de prier pour eux afin d'obtenir de Dieu une plus longue vie. Origène condamne formellement cet usage. « Nous devons déposer l'amour d'une longue vie et le désir d'un jour humain, mais cherchons à voir ce jour où nous serons participants du bonheur qui est en Christ[2] ».

Ailleurs[3], il proclamera qu'il faut reprendre ceux qui demandent à Dieu la prospérité dans la vie présente, la santé, les richesses ou les honneurs.

Que faut-il donc demander à Dieu ? Origène répond à cette questions par ces paroles : « τὰ μεγάλα καὶ ἐπουράνια ». Ces mots reviennent très souvent

---

[1] *Contre Celse*, l. **7**, 44.
[2] **17**ᵉ *homélie sur Jérémie*, 6.
[3] *Commentaire sur l'Epître aux Romains*, l. **7**, 6.

dans ses divers écrits lorsqu'il parle de la prière[1]. Pour Origène, ce sont les seules choses que l'on puisse demander à Dieu.

Par là il désigne évidemment les biens de l'âme, les biens spirituels ; mais pouvons-nous déterminer d'une façon plusprécise quels sont ces biens ? Dans son traité *De la prière* Origène mentionne divers exaucements accordés par Dieu et il ajoute que ces exaucements doivent nous inviter à demander dans nos prières les biens mystiques ainsi dispensés[2]. Déterminons la nature de ces exaucements et nous aurons par suite le sujet de quelques demandes pouvant être adressées à Dieu. Origène nous parle d'âmes stériles, qui, enceintes du Saint-Esprit, ont enfanté des discours salutaires, de milliers d'ennemis qui voulaient nous enlever notre foi et qui sont battus ; le chef de l'armée lui-même est égorgé ; souvent aussi, par la grâce de Dieu, les tentations n'ont pas de prise sur nous, nous nous trouvons en dehors des atteintes des esprits mauvais et des hommes cruels, et nous revenons à la vie spirituelle après avoir été engloutis par la mort du péché[3]. Si tels sont les exaucements accordés, il en résulte que nous devons demander à Dieu des paroles salutaires, la victoire sur les démons, le diable et les mauvaises pensées qu'ils suggèrent, la force de surmonter les tentations et la joie de posséder une vie spirituelle. Avec ces demandes nous sommes

---

[1] *Commentaire sur Matthieu*, tome **16**, 28 ; tome **16**, 29 ; *Selecta in Psalmos* Ps. **19**, vers. 6 ; P. E., **2**, 2 ; **14**, 1.
[2] P. E., **13**, 4.
[3] P. E., **13**, 3.

transportés dans le domaine intellectuel, moral et religieux, nous sommes arrachés aux bas intérêts de la terre, transportés vers les choses d'en haut.

2° La Προσευχή. — Une définition de la προσευχή nous est donnée au chapitre 14,2 du traité de la prière : « τὴν δὲ προσευχὴν τὴν μετὰ δοξολογίας περὶ μειζόνων μεγαλοφυέστερον ἀναπεμπομένην ὑπό του. » C'est le seul texte que nous ayons pour savoir au juste en quoi consiste cette prière. Cela est d'autant plus étonnant qu'Origène lui donne une importance capitale, la mettant bien au-dessus de toutes les autres puisqu'elle ne peut être adressée, comme nous le verrons, qu'à Dieu.

D'après la définition cette prière semble différer de la prière de demande proprement dite, d'abord en ce qu'elle est adressée à Dieu avec des doxologies. Il y a donc dans cette prière un élément qui n'est pas une demande, la doxologie ne servant qu'à exalter les magnificences divines, à chanter les louanges du Très-Haut et à proclamer ses bienfaits. Origène insiste au chapitre 14,4 sur ce caractère doxologique. Par là cette prière se rapproche de la prière d'adoration pure.

Cette prière se distingue de la prière de demande proprement dite en ce qu'elle est adressée « περὶ μειζόνων » au sujet de plus grands biens. Origène veut par là marquer une gradation, mais quels sont ces plus grands biens ? Evidemment ce sont les biens supérieurs de l'âme, mais Origène ne nous dit pas quelle est, d'une façon précise, la nature de ces biens.

Enfin cette prière doit monter vers Dieu μεγαλοφυέστερον avec plus d'élévation et des dispositions plus ardentes. Nous avons ici encore l'affirmation que le contenu de cette prière est bien supérieur à celui des autres. Nous nous trouvons en présence de la prière par excellence.

3° L'Ἔντευξις. — Au chapitre **14**,2 de son traité *De la prière,* Origène nous donne également une définition de cette sorte de prière : « Ἔντευξιν δὲ τὴν ὑπὸ παρρησίαν τινὰ πλείονα ἔχοντος περί τινων ἀξίωσιν πρὸς θεόν. » Ici la prière d'intercession est clairement désignée, la prière adressée à Dieu pour autrui.

Trouverons-nous à travers les écrits d'Origène quelques renseignements supplémentaires sur l'Ἔντευξις ?

Le texte de l'homélie sur Jérémie cité plus haut nous montre que, dans l'Eglise d'alors, les chrétiens malades demandaient à leurs amis de prier pour leur guérison et croyaient par conséquent à l'exaucement possible de pareilles prières. A la fin de la **11ᵉ** *homélie sur Ezechiel* nous voyons Origène demander à ses auditeurs de prier Dieu jour et nuit pour eux, mais aussi pour leurs frères. Le prêtre doit prier pour ses fidèles. Origène le dit dans un passage de la **6ᵉ** *homélie sur le Lévitique*[1]. Il vient de parler de Moïse qui élevait les bras pour que Amalec soit vaincu. Moïse c'est le prêtre ; les bras qu'il élève ce sont les prières, d'où la conclusion : le prêtre doit prier constamment afin que le peuple qu'il commande vainque les Amalé-

[1] **6ᵉ** *Homélie sur le Lévitique*, 6.

cites, c'est-à-dire les démons qui combattent ceux qui veulent vivre pieusement en Christ.

Priver quelqu'un des prières d'autrui est ici-bas un châtiment incomparable. Une peine terrible réservée à l'apostat, c'est que personne n'osera plus prier pour lui[1].

Il ne faudrait pas croire que par la prière d'intercession on puisse arracher selon son bon plaisir les pécheurs de la géhenne, car alors ce serait un défi jeté à la justice suprême de Dieu[2]. Les prêtres eux-mêmes ne peuvent prétendre que, par la force de leurs prières, 'es gros crimes commis contre Dieu, comme l'idolâtrie, l'adultère, la fornication soient pardonnés[3].

La prière d'intercession franchit même les limites de l'Eglise. Les chrétiens ne prient pas seulement pour leurs frères dans la foi. Celse leur reprochait de ne pas vouloir être soldats. Origène lui répond qu'ils rendent plus de services aux monarques que les troupes militaires, car, par leurs prières, ils combattent pour ceux dont le règne est juste, ils détruisent les démons qui allument la guerre et font qu'on viole la foi des traités[4].

Mais la prière d'intercession n'est pas seulement le fait des chrétiens, elle est aussi celui des êtres célestes, du Saint Esprit et du Christ. D'abord le Christ. Le Christ prie pour ceux qui ne s'éloignent pas du temple, vaquant au jeûne et à

---

[1] *De l'Exhortation au Martyre*, **17**.
[2] *4e Homélie sur Ezéchiel*. 8.
[3] P. E., **28**, 10.
[4] *Contre Celse, l.* **8**, 73.

la prière [1]. Le Verbe de Dieu se tient même au milieu de ceux qui ne le connaissent pas ; il ne laisse aucun sans assistance, il prie le Père avec celui dont il est le protecteur. Jésus est notre avocat auprès du Père, il prie avec ceux qui prient et il exhorte avec ceux qui exhortent. Toutefois il ne priera pas, comme pour ses amis, pour ceux qui ne prient pas assidûment en son nom et il ne sera pas auprès de Dieu le patron de ceux qui n'obéissent pas aux préceptes qu'il a laissés [2]. Ailleurs, Origène dira également que le Christ intercède pour nous, mais cependant il ne peut pas dire que ce qui est ténèbres est lumières et que ce qui est amer est doux [3].

Le Saint Esprit est la seconde grande puissance qui intercède pour nous. Pour démontrer ce fait Origène s'appuie sur le texte de l'épître aux Romains ch. **8** v. 26. Nous avons trouvé ce texte traité deux fois avec quelque détail. D'abord dans le livre *De la prière*, Origène montre [4] l'état misérable de l'homme en ce qui regarde la prière. Il ne sait ni ce qu'il faut demander ni comment il faut demander. Alors intervient l'Esprit saint : Il adresse pour nous à Dieu des gémissements, mais en même temps, de son côté, il provoque nos propres gémissements. Non seulement il intercède, mais même il réitère pour certains son intercession. Il « superintercède », pour ainsi dire, pour ceux qui sont comme Paul plus que vainqueurs. (Romains **8**, 37). Pour que nous puissions prier il

---

[1] 9ᵉ *Homélie sur le Lévitique*, 5.
[2] P. E., **10**, 2.
[3] *Commentaire sur l'Epitre aux Romains*, l. **7**,10.
[4] P. E., **2**, 3.

faut qu'auparavant l'Esprit lui-même prie dans nos âmes.

Cette idée de l'intercession du Saint-Esprit, venant aider à nos faiblesses, est reprise par Origène dans le Commentaire sur l'Epître aux Romains[1]. L'Esprit, y dit-il encore, aide à notre infirmité. Mais ici il montre d'où vient cette infirmité ; elle a sa source dans la chair : « *Igitur infirmitas nostra ex carnis infirmitate descendit.* » La chair éveille la concupiscence, souille l'esprit, empêche la sincérité de la prière. Mais alors l'Esprit intervient, et Origène, pour mieux nous faire comprendre l'action de l'Esprit, emploie un exemple intéressant. Un maître, quand il donne une leçon à un élève ignorant, s'abaisse jusqu'au niveau de l'intelligence de son élève, lui disant des choses qu'il doit ensuite répéter. De même, l'Esprit-Saint pousse des gémissements, mais c'est pour apprendre à notre esprit à gémir afin de se rendre Dieu propice. Et si notre esprit ne suit pas la leçon qui lui est donnée, cette leçon est, par sa faute, rendue inutile. L'intercession devient pour nos âmes un moyen d'éducation des plus précieux.

Vient ensuite la prière d'intercession des Esprits célestes. Quand un homme fermement résolu de mener une vie droite prie Dieu, un nombre infini de Saintes Puissances joignent leurs prières aux siennes sans qu'il les ait sollicitées. Elles s'intéressent à notre pauvre race mortelle, elles prennent les armes pour nous, voyant que les troupes

---

[1] *Commentaire sur l'Ep. aux Rom.*, l. **7**, 6.

des démons attaquent principalement le salut des personnes qui se consacrent à Dieu[1].

Et ces anges qui nous aident de leurs prières sont surtout les anges gardiens. Chacun est placé sous la bienfaisante protection d'un ange qui regarde sans cesse le visage du Père et prie avec lui[2]. Celse croit pouvoir menacer les chrétiens de la fureur des démons, mais Origène lui répond que les démons ne sauraient leur faire du mal et il donne entre autres raisons que « l'ange de chacun joint lui-même ses prières aux prières de celui qui a été commis à ses soins[3].

Enfin, les saints déjà morts, mais qui, dans la gloire céleste, n'oublient pas leurs frères demeurés ici-bas, nous aident aussi de leurs prières[4]. Dans son traité *De la prière*, Origène montre que c'est par amour que les saints prient pour leurs frères qu'ils ont quittés. Cet amour ils l'avaient déjà sur la terre, mais leur venue dans les demeures célestes a dû le rendre encore plus parfait et par conséquent leur souci des âmes faibles est encore beaucoup plus grand[5]. Dans son *Exhortation au martyre*, nous voyons Origène dire à Ambroise que, s'il meurt pour sa foi, il aura la consolation de prier dans le ciel avec plus d'efficacité pour ses fils[6].

4° L'Εὐχαριστία. — Nous avons également une définition de cette sorte de prière au chap. **14** du

---

[1] *Contre Celse*, l. **8**, 64.
[2] P. E., **11**, 5.
[3] *Contre Celse*, l. **8**, 36.
[4] **16**° *Homélie sur Josué*, 5.
[5] P. E., **11**, 1 et 2.
[6] *Exhortat. au martyre*, **38**.

traité *De la prière* : « Εὐχαριστίαν δὲ τὴν ἐπὶ τῷ τετευχέναι ἀγαθῶν ἀπὸ θεοῦ μετ'εὐχῶν ἀνθομολόγησιν ». Nous avons affaire ici à l'action de grâces adressée à Dieu pour des biens que l'on a obtenus de lui. On peut rendre grâces, ajoute Origène, si l'on est saisi par la grandeur réelle du bienfait accordé, mais il peut se faire aussi que ce bienfait ne soit grand qu'aux yeux de celui qui le reçoit.

Nous n'avons pu trouver de renseignements complémentaires plus circonstanciés sur cette prière.

Ces quatre sortes de prières distinguées par Origène doivent, à son avis, se retrouver dans la prière de chacun. Au commencement, et comme introduction à la prière, on doit avec force adresser une doxologie à Dieu, par le Christ, dans le saint Esprit. Puis, nous devons remercier Dieu d'une façon générale pour les bienfaits que nous avons reçus de tous les hommes, d'une façon particulière pour ce que nous avons reçu spécialement de Dieu. Nous devons ensuite nous accuser de nos propres péchés devant Dieu, lui demandant la guérison du penchant vers le péché et ensuite le pardon des fautes que nous avons commises. Après cela, nous devons demander des choses grandes et célestes, particulières et générales, pour nos proches et pour nos amis. Enfin, la prière doit se terminer par une doxologie adressée à Dieu par le Christ, dans le saint Esprit [1].

II. *Les prières non formulées.* — Nous avons déjà vu comment, au chap. **9, 2** de son traité *De la*

---

[1] P. E. **33**, 1.

prière, Origène transforme la prière formulée en élévation vers Dieu. Sans doute, dans ce passage, il parle « des yeux qui s'entretiennent avec Dieu qui les écoute », mais, évidemment, il s'agit ici d'une conversation toute spirituelle, il ne peut être question de paroles dans cette contemplation magnifique de Dieu.

Nous trouvons, dans les écrits de notre penseur, une autre idée qui, aussi, fait disparaître les formules et les mots de la prière ; c'est l'idée que la prière se confond avec la vie chrétienne tout entière ; par le seul fait que le chrétien accomplit des actes louables et mène une vie pure, il prie.

Pour développer cette idée, Origène prend son point de départ dans la recommandation de l'apôtre : « Priez sans cesse », et il se demande comment, en vérité, il est possible d'accomplir ce devoir que Paul semble imposer au chrétien. Comment celui qui dort, qui accomplit quelque action humaine, qui prend soin de son corps, peut-il prier en même temps ? Voici la solution qu'il trouve : « Nous disons que le sage crie vers Dieu et lui demande les meilleures choses afin qu'il les lui accorde, lorsqu'il fait tout selon la raison, de telle sorte que toute action qu'il accomplit est une prière »[1]. Ailleurs[2], il dira que l'on ne doit pas glorifier Dieu en paroles, mais en actes : en charité, en justice, bienfaisance, patience, piété, sagesse et autres vertus.

Dans une de ses *Homélies sur les Rois*, Origène

---

[1] *Selecta in Psalmos*, psaume 1 - vers. 2.
[2] 12ᵉ *Homélie sur Jérémie*, 11.

revient encore sur la même question. Comment remplir le précepte de l'apôtre : « Priez sans cesse » ? Il faut bien manger, boire, dormir, et si l'on prend à la lettre la recommandation de Paul, aucun croyant n'a pu prier sans cesse. Alors Origène émet son hypothèse : « Si vero omnis actus justi, quem secundum Deum agit et secundum mandatum divinum, oratio reputatur, quia justus sine intermissione quæ justa sunt agit, per hoc sine intermissione justus orabit, nec unquam ab oratione cessabit, nisi justus esse desistat [1]. »

Dans son traité *De la prière*, nous retrouvons la même idée. Celui qui unit la prière aux ouvrages qui lui incombent et ces ouvrages à la prière, au point que les œuvres de vertu et l'accomplissement des devoirs fassent partie de la prière, prie sans cesse. Toute la vie du chrétien n'est plus, de la sorte, qu'une prière ininterrompue et la prière proprement dite qui doit être faite au moins trois fois par jour n'est plus qu'une partie de cette grande prière [2].

Enfin, nous devons mentionner un autre genre de prière qu'Origène semble indiquer et que l'on pourrait appeler la prière intérieure. Déjà nous avons vu, en parlant de la préparation à la prière, quelle importance notre penseur donnait au recueillement, il faut oublier tout à fait le monde extérieur, c'est dans le silence du cabinet, c'est-à-dire pour lui, dans le plus profond de l'âme, que doit se faire la prière.

---

[1] 1re *Homélie sur les Rois*, 9.
[2] P. E, **12**, 2.

Un texte d'une *Homélie sur les Nombres* nous permet de distinguer très nettement entre la prière intérieure qui se passe de paroles, et la prière qui s'exprime par des mots.

Origène y montre qu'il y a deux autels, l'un extérieur, l'autre intérieur. L'autel signifie la prière. Lorsque je prierai de cœur (corde), j'irai vers l'autel intérieur ; et c'est bien là ce que le Seigneur dit dans l'Evangile : « Toi, lorsque tu pries, entre dans ton cabinet, ferme ta porte et prie ton Père qui est là, dans le secret ». Mais celui qui prie à haute voix et avec des paroles sonores (clara voce et verbis cum sono prolatis) comme s'il voulait édifier ceux qui écoutent, celui-là prie en esprit (spiritu) et semble offrir une victime sur l'autel qui se trouve à l'extérieur établi pour les holocaustes du peuple [1].

Nous n'avons pas à tenir compte de l'exégèse fantaisiste d'Origène, mais, dans ce passage, notre auteur semble bien distinguer entre la prière qui se formule par des mots et la prière intérieure faite au plus profond de l'âme et qui se passe de paroles.

Dans une autre homélie, nous remarquons la même distinction : « Sed hujus immolationis primitiæ ita per pontificem offerentur, si non solum verbis et voce, sed et mente oremus et corde, secundum quod et Apostulus monet : Orabo spiritu, orabo et mente [2] ».

Enfin, faisant l'exégèse d'un passage de la Ge-

---

[1] 10ᵉ *Homélie sur les Nombres*, 3.
[2] 11ᵉ *Homélie sur les Nombres*, 9.

nèse, notre penseur écrit ces mots : « Par là on apprend qu'il est bon que celui qui prie ne prie pas avez une voix sensible qui soit entendue, mais dans son cœur à celui qui sonde les cœurs et les reins [1]. ».

Tous ces textes, et nous pourrions en citer d'autres, nous paraissent démontrer notre thèse : à côté des quatre formes de prières mentionnées plus haut, à côté de la notion de la prière qui se confond avec les actes pieux, il y a chez Origène l'idée d'une prière intérieure suivant laquelle le croyant entre directement en communion avec Dieu, sans avoir besoin de lui exprimer verbalement ses désirs.

III. EXÉGÈSE DE L'ORAISON DOMINICALE. — L'éxégèse que donne Origène de l'Oraison dominicale [2] va nous fournir d'utiles renseignements sur sa notion de la prière. Elle nous montrera quel sens notre penseur a donné aux simples demandes du Christ et, par suite, nous pourrons avoir ainsi une idée plus nette de ce que devait être pour lui la prière chrétienne vraie.

Nous allons prendre les unes après les autres les demandes de l'Oraison dominicale en nous contentant d'indiquer ce qui caractérise pour Origène chacune d'entre elles.

Notre Père qui es aux cieux. — Origène fait remarquer que seuls les hommes de la Nouvelle Alliance appellent Dieu leur Père. Le Christ

---

[1] *Selecta in Genesim*, explication du chap. **24**, vers. 21.
[2] P. E., **22-31**.

le premier lui a donné ce nom dans la prière. Il faut donc s'empresser de s'adresser à Dieu en ces termes si nous ne voulons pas surcharger nos péchés du crime d'impiété contre lui. Tout homme qui ne pèche pas, par le seul fait qu'il mène une vie droite crie vers le ciel : Notre Père qui es aux cieux.

Que ton nom soit sanctifié. — Le nom est le mot servant à désigner le caractère propre de celui qui le porte. Le nom de Dieu sera donc l'expression convenable pour désigner son essence particulière. C'est cette essence particulière que nous devons apprendre à distinguer soigneusement et de la sorte nous sanctifierons le nom de Dieu. Celui au contraire qui joint au concept de Dieu des choses qui ne conviennent pas, prononce le nom de Dieu en vain.

Que ton règne vienne. — Le royaume de Dieu ne s'établira pas ici-bas au milieu des éclairs et des grondements de tonnerre. Ce royaume est au dedans de nous. Il consiste en l'état heureux de la raison et des sages pensées. Celui au contraire qui donne accès dans son âme au péché se trouve sous la tyrannie du prince des ténèbres. La venue du royaume en nous n'est pas complète dès notre première demande, cette venue n'est que progressive ; c'est la défaite successive de tous les ennemis de notre nature spirituelle. Mais nous possédons cependant déjà les bienfaits de la nouvelle naissance et de la résurrection.

Que ta volonté soit faite sur la terre comme au ciel. — Par là nous demandons à Dieu de nous rendre semblables aux habitants du ciel qui accomplissent parfaitement sa volonté. Mais ici Origène se ravise : dans le ciel il n'y a pas seulement des êtres bons, des chérubins et des anges, dans le ciel il y a aussi « les esprits du mal » (Ephésiens 6, 12). La volonté de Dieu n'y est donc pas observée par tout le monde et demander qu'elle le soit ainsi sur la terre ne serait-ce pas donner droit de cité aux esprits impurs des régions célestes. Origène se tire d'affaire en soutenant cette thèse un peu paradoxale. « Les esprits du mal qui habitent les cieux ne sont pas des esprits célestes ». En effet, un homme qui est sur la terre mais qui aspire de tout son être vers la vie d'en haut, qui ne s'attache qu'aux biens éternels, appartient déjà au ciel, non par sa position physique, mais par la direction de sa vie. De même, les esprits du mal qui se trouvent dans les régions célestes ont en réalité leur patrie sur la terre parce que toutes leurs pensées sont tournées vers les choses d'ici-bas périssables et viles.

Enfin le Christ n'a pas voulu dire que ceux qui sont à un endroit de la terre doivent prier pour être semblables à ceux qui sont à un endroit du ciel, mais il n'a qu'un but : que tout ce qui est terrestre, c'est-à-dire mauvais, devienne céleste, c'est-à-dire bon. Il faut que la terre ne soit plus terre, mais se trouve finalement transformée en ciel.

Donne-nous aujourd'hui notre pain quotidien. — Origène écarte tout de suite la demande de pain matériel ; il ne s'y arrête même pas, c'est une absurdité. Il faut demander à Dieu le pain spirituel qui n'est pas le même pour les parfaits et pour les faibles. Ce pain est substantiel et Origène en profite pour donner une exposition métaphysique sur les idées de forme et de substance. Nous avons cette nourriture de l'âme en commun avec les anges. Nous demandons à Dieu de nous donner ce pain aujourd'hui, c'est-à-dire dans la vie présente, après laquelle pourront venir d'autres périodes de temps où trouveront grâce même ceux qui ont blasphémé contre le Saint-Esprit.

Pardonne nous nos offenses comme nous pardonnons à ceux qui nous ont offensés. — Nous avons tous une foule de devoirs particuliers et généraux et nous ne les accomplissons jamais d'une façon satisfaisante. De la sorte, les devoirs que nous n'accomplissons pas restent comme autant d'accusations qui pourront se transformer en châtiments mérités devant le tribunal de Dieu. Mais si nous sommes tous des débiteurs, nous avons tous des débiteurs. Si certains ne veulent pas payer les dettes qu'ils ont contractées envers nous nous devons les traiter avec douceur, nous souvenant que nous aussi nous ne nous acquittons pas de toutes nos obligations. Si le débiteur est repentant pardonnons-lui, s'il ne l'est pas pardonnons-lui aussi, car son endurcissement ne fait de tort qu'à lui-même.

Tous, nous avons le pouvoir de pardonner les péchés, cependant celui qui a été inspiré du Saint Esprit, les apôtres, les prêtres peuvent à la place de Dieu pardonner les péchés ou les retenir, mais il ne faut pas, comme certains le font, s'arroger le droit de pardonner les péchés très graves.

Ne nous induis pas en tentation. — Toute la vie terrestre est une longue suite de tentations. Comment peut-il se faire que Dieu « induise » quelqu'un en tentation ? Il semble absurde qu'un Dieu bon prenne plaisir à faire tomber ses créatures dans le péché. Origène va nous donner sa solution : Dieu nous induit en tentation en ce sens qu'il nous abandonne à nos mauvais penchants afin que, finalement, gorgés de plaisirs malsains, nous soyons pris de dégoût et nous redevenions purs. De la sorte, la tentation nous délivre radicalement du péché.

De plus, la tentation nous permet de mieux nous connaître, de savoir quelle est notre force de résistance au péché et quels sont les mauvais désirs de notre cœur.

Mais délivre nous du mal. — Dieu nous délivre du mal, non pas en ce sens que nous ne sommes plus tentés, car cela est impossible, mais dans le sens que, avec son secours, nous ne succombons pas à la tentation.

CHAPITRE IV.

A QUI DEVONS-NOUS ADRESSER NOS PRIÈRES ?

Origène, s'élève avec une grande force contre le culte rendu aux divinités païennes. Dans le *Contre Celse*, il qualifie de folie le fait d'adorer des simulacres ou des animaux comme des dieux [1]. La seule pensée de se prosterner devant des choses inanimées lui répugne profondément [2]. Il affirmera volontiers que les plus stupides de tous les hommes sont ceux qui n'ont point honte d'adresser la parole et de présenter des prières à des choses inanimées, de demander la santé à ce qui n'a aucune force, la vie à ce qui est mort, du secours à ce qui ne peut se secourir soi-même [3].

Celse lui vante les philosophes grecs, Platon en particulier. Mais Origène ne veut pas voiler les faiblesses des philosophes au sujet du culte rendu à la divinité ; aussi se moquera-t-il de ces gens qui, tout fiers de leur sagesse, après avoir discuté gravement sur les hautes questions de la philosophie, s'en vont sacrifier un coq à Esculape [4].

Les païens se défendaient en soutenant que les

---

[1] *Contre Celse* l. **3**, 76.
[2] *Contre Celse* l. **3**, 40.
[3] *Contre Celse* l. **6**, 14.
[4] *Contre Celse* l. **6**, 4.

statues des dieux n'étaient que des représentations, des symboles et non les dieux véritables. Origène connait cette distinction, il en tient compte, mais il ajoute aussitôt que ceux qui s'imaginent que la main des ouvriers peut représenter et imiter la divinité sont des stupides, des ignorants et de vils esclaves [1].

Aussi Origène est-il irréductible. Pour rien au monde il n'adorera ces simulacres. Mieux vaut mille fois la mort que de commettre une pareille forfaiture. Après l'apostasie il n'y a plus de salut possible [2].

Après le culte des divinités païennes Origène combat celui des astres. Il est heureux de pouvoir montrer à Celse que l'Ancien Testament met en garde contre un tel culte [3]. Mais qu'on y prenne bien garde, il ne veut pas pour cela déshonorer le soleil, la lune et les étoiles, ces merveilleux ouvrages de Dieu ; ce qui lui dicte ses paroles, c'est le sentiment que nous avons de la divinité de Dieu et de son Fils unique qui se trouvent infiniment élevés au-dessus de toutes choses [4].

Bien loin d'être adorés, ces astres adorent eux aussi ; ils adressent leurs prières au grand Dieu [5]. Nous ne devons donc pas prier ceux qui prient eux-mêmes. Et dans *l'Exhortation au martyre* Origène imagine un curieux dialogue, entre le soleil et son adorateur : « Pourquoi m'appelles-tu Dieu ? Il n'y a qu'un seul vrai Dieu ! Pourquoi

---

[1] *Contre Celse l.* **6**, 14.
[2] *De l'exhortation au martyre*, 6-10.
[3] *Contre Celse l.* **4**, 31.
[4] *Contre Celse l.* **5**, 11.
[5] *Contre Celse l.* **5**, 11.

m'adores-tu ? Tu adoreras le Seigneur ton Dieu et tu le serviras, lui seul. Moi aussi je suis un être créé. Pourquoi veux-tu adorer celui qui adore lui-même ? Car moi aussi j'adore Dieu le Père et je le sers, et j'obéis à ses commandements [1]. »

Nous ne devons pas non plus adorer les anges qui sont pourtant des êtres spirituels et infiniment bienfaisants. Invoquer les anges sans savoir d'eux autre chose que ce que les hommes sont capables d'en savoir, ce serait manquer de raison. Alors même que nous aurions acquis une science si admirable et si cachée, cette propre connaissance que nous aurions de leur nature et de leurs différents emplois ne nous permettrait pas d'oser adresser nos prières à d'autres qu'à Dieu par Jésus-Christ [2].

Toutefois, si les anges ne doivent pas être priés ils sont très utiles, car ils portent à Dieu les prières des fidèles [3]. Ils servent d'intermédiaires précieux.

Pouvons-nous prier le Christ ? Origène a traité cette question dans son traité *De la prière* et il nous semble que sa pensée est suffisamment claire sur ce point. Il distingue entre les quatre sortes de prières formulées que nous avons mentionnées ; trois de ces prières peuvent être adressées au Christ ; la quatrième ne peut pas lui être adressée.

On peut tout d'abord lui adresser une prière de remerciement, car nous avons reçu de lui beaucoup de bienfaits de par la volonté de Dieu. On peut également lui adresser une prière d'intercession comme le fit Etienne mourant. On peut enfin lui faire une prière de demande [4].

---

[1] *De l'exhort. au mart.*, **7**.
[2] *Contre Celse* l. **5**, 5.
[3] *Contre Celse* l. **5** ; 4, **8**, 36.
[4] P. E, **14**, 6.

Mais si toutes ces prières peuvent être adressées au Christ, il en est une qui ne peut jamais lui être adressée : c'est la προσευχή. Les textes sont formels et essayer de voiler sur ce point l'hérésie d'Origène est une tâche vaine. La thèse qu'il soutient nous est donnée dans toute sa rigueur dès les premières lignes du chapitre 15 du traité *De la prière* : « Si nous avons compris ce qu'est la προσευχή nous ne prierons aucune créature, pas même le Christ, mais seulement le Dieu de l'univers et le Père lequel, comme nous l'avons mentionné, notre Sauveur lui-même priait et qu'il nous a appris aussi à prier. »

Le raisonnement qui suit cette thèse est curieux On peut, affirme Origène, proposer trois choses : adresser la προσευχή au Fils seul, sans le Père ; aux deux, au Père et au Fils ; au Père seul. La première de ces propositions est tout ce qu'il y a de plus absurde et serait soutenu contre toute vraisemblance. Si l'on accepte la deuxième proposition, il faudrait dans nos prières employer le pluriel et dire « exaucez, donnez, sauvez » et autres expressions semblables. Mais la prière présente alors une apparence toute différente et personne ne pourra montrer que de telles expressions soient employées dans l'Ecriture. Il ne reste plus alors que la troisième proposition qui doit être acceptée : adresser la προσευχή à Dieu seul.

A la fin de ce chapitre 15 nous retrouvons un dialogue analogue à celui qu'Origène imaginait entre le soleil et son adorateur. Le Christ reprend le croyant qui lui adresse la προσευχή « Pourquoi me pries-tu ? On doit prier seulement le Père que moi aussi je prie, comme nous l'apprennent les Saintes Ecritures. Il ne faut pas que vous priiez le grand prêtre qui a été placé pour vous par le Père et qui a reçu du Père l'emploi de consolateur, mais il faut prier par le grand-prêtre et par le consolateur qui peut compatir à vos faiblesses, ayant été tenté comme vous en toutes choses, mais ayant, par la grâce du Père, traversé la tentation sans pécher ».

Ce passage nous donne bien la pensée d'Origène sur la prière adressée au Christ. La προσευχή ne peut pas lui être adressée, mais il reste l'intermédiaire nécessaire entre Dieu et les fidèles. Il porte au Père les prières des saints et dès qu'Origène parle de prier Dieu, aussitôt arrive la formule « διὰ Χριστοῦ » « par le Christ ».

A la fin du chapitre **14** de son traité *De la prière* Origène affirme que les deux prières d'intercession et d'actions de grâces peuvent être adressées aux simples hommes. Les saints peuvent recevoir ces deux sortes de prières, mais, en plus, ils peuvent recevoir la prière de demande, afin qu'ils nous donnent leur assistance. Cependant si nous avons offensé quelqu'un, alors même qu'il ne serait pas saint, nous devons demander à cet homme de nous pardonner notre offense.

Ce passage est intéressant. Remarquons en effet, qu'il ne mentionne pas parmi ces prières adressées à des humains la προσευχή, alors qu'il mentionne les trois autres sortes de prières. Il semble bien se dégager de ce fait qu'au fond pour notre penseur la προσευχή seule est vraiment une prière, un acte purement religieux et qui ne peut s'adresser qu'à l'Etre divin par excellence, à Dieu seul. Les autres prières sont bien au-dessous puisque, au besoin, elles peuvent s'adresser à de simples mortels.

CHAPITRE V

L'EXAUCEMENT DE LA PRIÈRE

A plusieurs reprises Origène affirme de la façon la plus catégorique la réalité de l'exaucement. Dieu accorde aux fidèles quelque chose qu'il ne leur aurait pas donné s'ils ne l'avaient pas demandé. Déjà ce que nous avons dit de la nécessité de la prière montre que cet exaucement est réel. Voici maintenant quelques passages qui le prouvent encore.

Certains chrétiens disaient ne pas pouvoir pratiquer la chasteté parce que Dieu ne leur avait pas donné ce charisme. Origène leur répond de prendre davantage en considération les paroles de l'Ecriture : « Demandez et il vous sera donné ». « Quiconque demande reçoit ». Dieu accorde une parfaite chasteté à ceux qui la lui demandent et si quelqu'un ne reçoit pas cet exaucement, c'est qu'il n'a pas demandé vraiment cette grâce [1].

Dans une *Lettre à Grégoire* Origène exhorte son disciple à demander à Dieu l'intelligence des Saintes Ecritures et il lui fait remarquer que le Sauveur n'a pas dit seulement « Frappez et il vous sera ouvert et cherchez et vous trouverez », mais aussi « Demandez et il vous sera donné ». Ailleurs il dit encore que les disciples du Christ recevront toutes

---

[1] *Commentaire sur Matthieu*, tome 14, 25.

les choses qu'ils demandent avec foi dans leurs prières, car ils sont soumis à leur Maître et les requêtes qu'ils adressent à Dieu concernent les choses grandes et célestes [1].

Le traité *De la prière*, nous donne d'autre part sur ce point précis des témoignages formels. Origène y fait reposer la réalité de l'exaucement sur deux preuves : la première est tirée des exaucements scripturaires, la deuxième de l'expérience personnelle.

Le Christ a prié, et non en vain, recevant comme réponse à sa prière des choses qu'il n'aurait pas eues s'il n'avait pas prié. La parole du Christ « Je savais bien que tu m'exauces toujours » (Jean 11, 42) montre que celui qui prie toujours est toujours exaucé.

On peut aussi tirer de l'Ecriture de nombreux exemples d'exaucement : Anne ayant prié enfante Samuel ; Ezéchias après sa prière est encore conservé à la vie ; Mardochée et Esther battent les ennemis du vrai Dieu, Judith peut tuer Holopherne ; Hanania, Mischaël et Azaria sont préservés du feu ; Daniel échappe aux lions ; Jonas peut sortir indemne du ventre de la baleine [2].

Origène en appelle aussi à l'expérience personnelle. « Que de choses chacun de nous peut raconter, s'écrie-t-il, s'il se souvient avec actions de grâces, de ce qui lui est arrivé de bien et s'il veut à cause de cela faire monter ses louanges à Dieu [3] ». Et ici Origène reprend les exemples qu'il

---

[1] *Commentaire sur Matthieu*, tome **16**, 28.
[2] P. E, **13**, 1 et 2.
[3] P. E, **13**, 3.

vient de donner, mais en les faisant tous passer dans le domaine spirituel.

« Elie, ajoute-t-il, a ouvert par une parole divine le ciel fermé, à cause des impies, pendant trois ans et six mois ; il en sera toujours fait ainsi à tout homme ; par sa prière il recevra la pluie de l'âme, pluie qui lui manquait auparavant à cause de ses péchés [1] ».

Cette interprétation symbolique des exaucements scripturaires nous montre comment Origène concevait l'exaucement de la prière. Dieu d'après lui ne saurait donner qu'un exaucement spirituel, que des biens célestes.

De plus, ayant défendu absolument que l'on demande des biens matériels, la prière pour ces biens n'existant pas, il ne peut pas s'agir d'exaucement matériel.

Aussi, quand il parle des biens terrestres il leur donne deux provenances :

1° Les choses dont nous avons besoin pour les nécessités du corps, le Père les donne dans une mesure suffisante [2]. Il ne faut donc pas se mettre en peine pour ces choses-là ; il est indigne d'un chrétien de les demander. Il faut laisser le soin à la Providence de nous les dispenser ainsi qu'elle le jugera bon.

2° Origène veut répondre à ceux qui pourraient lui opposer que les saints ont obtenu des choses matérielles à la suite de leurs prières et que de plus il est dit formellement dans l'Evangile que les

---

[1] P. E, **13**, 5.
[2] P. E, **14**, 1.

choses terrestres et petites nous seront données.[1] Il suppose qu'un homme nous fait cadeau d'un objet quelconque ; en nous donnant cet objet il nous donne aussi l'ombre qu'il peut avoir, cependant il ne prétend pas nous faire deux cadeaux : l'objet et son ombre, mais un seul cadeau : l'objet. De même, si nous considérons les biens spirituels qui nous ont été accordés, nous verrons que les biens matériels leur sont attachés comme l'ombre à un corps. Anne, Judith, Daniel ont reçu des délivrances et des exaucements matériels, mais ceux-ci n'étaient que les ombres d'exaucements spirituels[2].

D'ailleurs Origène constate que souvent cette ombre qui accompagne la réalité spirituelle donnée par Dieu est bien faible, parfois même elle n'existe pas. Mais peu importe ; ce qui importe c'est de posséder les vrais biens. Le reste, les ombres fuyantes et passagères ne sont rien. Celui qui regarde la beauté de l'âme fiancée au Verbe divin méprisera la beauté corporelle de la femme, de l'enfant, de l'homme : la splendide beauté ne peut se trouver dans la chair qui est tout entière laideur[3].

Une question se pose maintenant : Comment s'opère cet exaucement ? Origène semble donner à cette question deux réponses. Il ressort tout d'abord d'une série de textes qu'Origène fait rentrer l'exaucement dans l'ordre providentiel.

---

[1] Origène fait allusion ici à une parole de Jésus que ne contiennent pas nos Evangiles actuels (voir page 68).
[2] P. E., **16**, 3.
[3] P. E., **17**.

C'est ce qui résulte de ses idées sur la nécessité de la prière. De toute éternité Dieu prévoit l'acte pieux accompli par le fidèle, de toute éternité il décide s'il accordera le bienfait demandé ou s'il le refusera ; et s'il l'accorde, il dispose toutes choses à cet effet. D'après d'autres textes, Dieu se servirait des anges pour apporter aux fidèles l'exaucement demandé. L'ange ressemble au médecin qui se trouve au chevet d'un malade ; il guérit celui qui est commis à ses soins et devient ainsi le ministre de la volonté du Père. Et Origène a bien soin de nous dire que cela n'arrive pas par hasard ; c'est bien Dieu qui a conduit ce médecin auprès du malade [1]. Les anges, après être montés au ciel pour porter à Dieu les prières des saints, en descendent pour apporter à chacun ce que Dieu ordonne [2].

Enfin il faut mentionner tout un côté magique dans la façon dont Origène conçoit l'efficacité de la prière : c'est tout ce qui regarde la force de la prière contre les démons. Dans son traité *De la prière* il soutient que les mots de la prière des saints, par une force divine, rendent inoffensive la flèche spirituelle lancée par les puissances ennemies [3]. Origène donne une valeur magique à la prononciation de certains noms. Le nom de Jésus, par exemple, joint aux histoires de sa vie, chasse les démons, et même prononcé par des méchants il ne cesse pas de produire son effet [4]. Les noms

---

[1] P. E., **11**, 4 et 5.
[2] *Contre Celse*, l. **5**, 4 et 5.
[3] P. E., **12**, 1.
[4] *Contre Celse*, l. **1**, 7.

d'Abraham, d'Isaac, de Jacob, d'Israël ont le même pouvoir [1]. Traduits dans une langue étrangère, ces noms n'ont plus alors aucune force [2].

* * *

Tel est, nous semble-t-il, l'enseignement d'Origène sur la prière, ainsi qu'il ressort des textes. Sur plus d'un point nous aurions aimé des renseignements plus précis ou plus circonstanciés. Il faut regretter que notre penseur n'ait pas pu, ainsi qu'il le promettait à Ambroise et à Tatiane, écrire un second livre sur la prière. Les travaux exégétiques qu'il a dû donner sur les épîtres pauliniennes sont aussi perdus à l'exception d'un Commentaire sur l'Epître aux Romains et Origène, à propos des passages de Paul sur la prière, devait aussi faire d'intéressantes remarques.

[1] *Contre Celse, l.* I, 22.
[2] *Contre Celse, l.* I, 25.

DEUXIÈME PARTIE

EXAMEN DE L'ENSEIGNEMENT D'ORIGÈNE SUR LA PRIÈRE

CHAPITRE PREMIER

IDÉE DIRECTRICE DE L'ENSEIGNEMENT D'ORIGÈNE SUR LA PRIÈRE ET SES CONSÉQUENCES

On a coutume de dire avec raison : tel Dieu, telle prière. Le sauvage qui se représente Dieu sous la forme de quelque guerrier violent et redoutable, ne craindra pas de s'adresser à lui pour obtenir la mort d'un ennemi et l'associer à tous ses exploits sanguinaires. L'homme qui voit en Dieu un être tout puissant, d'une justice implacable, d'une majesté effrayante, tremblera devant lui et ses prières seront humbles et craintives. Celui qui verra en Dieu l'Etre bon par excellence, le Père de tous, aura une prière faite de pieuse demande, de confiance et d'adoration. La notion de Dieu que chacun de nous possède explique, en partie du moins, la nature de nos prières. Il en est ainsi pour Origène. Nous croyons que sa notion de la prière dépend de la façon la plus étroite de sa notion de Dieu.

Voyons donc rapidement comment Origène conçoit Dieu. Pour cela il est nécessaire de remonter un peu haut.

La philosophie, à la fin du IIe siècle et au commencement du IIIe, présente un caractère constant : le syncrétisme. Il y a une tendance générale à amalgamer les doctrines les plus étrangères et les plus disparates. Sans doute chaque école se réclame du nom de son fondateur ; on y vénère la mémoire de Platon, de Pythagore, d'Aristote et de Zénon, mais, en fait, les doctrines originales de ces maîtres s'atténuent, un échange perpétuel s'organise entre les divers systèmes. Bien plus, les doctrines philosophiques s'altèrent elles-mêmes et vont chercher dans les religions populaires des éléments qu'elles s'assimilent tant bien que mal.

Alexandrie, plus que toute autre ville, se prêtait au syncrétisme. Sa situation géographique était unique. Les civilisations grecque, juive, romaine, égyptienne, venaient s'y fusionner. On y parlait toutes les langues, les esprits les plus divers pouvaient s'y rencontrer et les cultes les plus exotiques s'y pratiquaient librement. Alexandrie se présente ainsi à nous comme un vaste carrefour où viennent déboucher, à un moment de fermentation extrême dans les esprits, les puissances qui se disputaient la direction intellectuelle et morale du monde romain.

Le résulat du syncrétisme sur le terrain philosophique, par l'atténuation des doctrines originales de chaque école, fut de préparer un terrain d'entente entre les diverses sectes philosophiques. Il y eut tout un travail d'unification dans les esprits. Et c'est ainsi que nous constatons dans les écoles des philosophes l'existence générale de certaines doctrines acceptées par tous, sans contestations.

La première de ces doctrines, admise par tous les philosophes d'alors, c'est la transcendance de Dieu. Dieu est conçu comme étant en dehors et au-dessus du monde. Il devient un principe abstrait et incommunicable, qui ne peut avoir avec les choses d'ici-bas aucun rapport. Il est séparé de la matière créée par un abîme infranchissable.

Déjà Philon avait fait de Dieu l'Être ineffable, incompréhensible, abstrait par excellence. Plutarque, Celse, Maxime de Tyr, Numénius ne parlent pas autrement. Cette tendance a pénétré partout : chez les juifs, chez les chrétiens, chez les gnostiques. A la fin du IIe siècle et au commencement du IIIe, on peut dire que tout homme cultivé, tout penseur quelconque, a forcément cette notion de Dieu.

Origène a-t-il pu sur ce point échapper à l'influence générale de l'élite intellectuelle de son temps ? Nous ne le croyons pas. Origène était philosophe. S'il faut en croire Eusèbe[1], il est allé auprès d'Ammonius Saccas étudier les Platoniciens, les Néo-Pythagoriciens et les Stoïciens ; à l'école catéchétique il exposait et discutait les opinions philosophiques courantes de son temps. L'étude de ses écrits montre combien la philoso-

---

[1] *Histoire ecclésiastique*, l. **6**, 19.

phie avait façonné son esprit et l'examen de son système théologique prouve qu'il avait emprunté aux philosophes grecs plus d'une idée qui lui fut chère. Origène devait, comme tous les penseurs de son temps, accepter la doctrine de la transcendance de Dieu.

L'étude des textes sur la notion de Dieu chez Origène n'a fait que nous confirmer dans cette opinion. Sans doute, le Dieu d'Origène n'est pas un principe purement abstrait, insaisissable et vague, sans aucun rapport avec le monde. Dieu, pour notre penseur, est un principe vivant, il est la source de toute vie spirituelle et dirige le monde par sa Providence. Mais, pour Origène, Dieu possède une qualité qui ne saurait lui être déniée : la spiritualité absolue. Toutes les fois que le docteur alexandrin parle de Dieu, on voit que sa grande préoccupation est de le séparer, de la façon la plus marquée, des êtres créés. Il accable de ses railleries et de son indignation ceux qui veulent donner au Père des esprits un corps matériel et qui prennent à la lettre les anthropomorphismes naïfs de l'Ancien Testament. Dieu ne peut pas venir ainsi sur la terre s'occuper des affaires des hommes ; il ne peut pas venir souiller sa pureté parfaite au contact de la matière misérable et vile. Sans être purement abstrait, Dieu devient transcendant, il reste dans le ciel où rien ne pourra nuire à la spiritualité infinie de son essence propre.

Et quelles auraient été les conséquences logiques de cette notion de Dieu pour ce qui a trait à la prière. Ces conséquences auraient été de deux sortes : 1° rendre tout exaucement impossible. Ce Dieu placé ainsi dans le plus haut du ciel, ne peut être ému par les cris qui montent de la terre, il ne peut pas les entendre et, alors même qu'il les entendrait, il demeurerait impassible, car il ne peut rabaisser sa Majesté divine en venant au secours d'êtres matériels. 2° rendre toute prière inutile. Si Dieu n'entend pas, s'il demeure impassible, il est absolument inutile de le prier et la prière elle-même ne montera pas aux aux lèvres ; elle sera refoulée, car d'avance on sait qu'elle sera vaine et sans effet. « C'était la mode, dit M. Jules Denys, à cette époque où l'on parlait de Dieu plus que jamais, de le guinder tellement au-dessus de toute réalité actuelle ou possible, que l'unique hommage qu'il eût fallu lui rendre aurait dû être, ce semble, un morne silence et une sorte de catalepsie intellectuelle sans pensée [1]. »

Origène a évité les conséquences extrêmes que cette notion de Dieu imprimait à son idée de la prière, et nous verrons pour quelles raisons. Mais il n'en est pas moins vrai que la philosophie de son temps, en agissant ainsi sur sa doctrine de Dieu, va donner à son enseignement de la prière un cachet très spécial. Continuellement nous allons voir Origène dominé par cette pensée que l'on doit faire nettement le départ entre ce qui est humain et ce qui est divin, que le divin ne doit pas descendre au rang de l'humain, sous peine de déchéance, et que l'homme doit bien prendre garde,

---

[1] *De la Philosophie d'Origène*, p. 83.

dans sa prière, à ne rien dire qui soit contraire en quelque mesure à cette notion pure, spirituelle de Dieu. L'idée directrice qui va dominer tout l'enseignement d'Origène sur la prière pourrait se formuler dans cette proposition : « Ne jamais rabaisser le principe suprême en le mêlant trop directement aux choses d'ici-bas, aux êtres créés et rivés à la matière. »

Nous allons suivre cette préoccupation constante à travers les diverses parties de notre exposé.

Voyons tout d'abord ce qu'Origène dit de la préparation extérieure. Il se montre ici d'une extrême largeur. Les heures de la prière ne sont pas fixées avec beaucoup de précision, il est très sobre sur tout ce qui concerne le port de vêtements ; on peut, si l'on se voit empêché par les circonstances, ne pas prendre pour la prière l'attitude prescrite. En un mot, Origène se montre affranchi des rites. Ces signes divers, ces habitudes, sont de magnifiques symboles, mais seulement des symboles ; ils n'ont rien de magique et en somme une prière accomplie sans aucun souci des formes extérieures, a autant de valeur que celle qui est accomplie selon la formule fixée. Cela est très naturel avec l'idée fondamentale d'Origène. Ce serait une folie à nulle autre pareille que de croire pouvoir enchaîner la volonté de ce Dieu spirituel par l'accomplissement de rites spéciaux ou la récitation de formules sacrées. Origène ne peut songer à cela.

Passons à la préparation intérieure. Origène lui donne une très grande valeur. C'est que Dieu étant si loin, l'important n'est plus de lui adresser des demandes qui peut-être ne seront pas entendues ; l'important c'est alors de se mettre dans des dispositions morales qui, elles du moins, conservent toujours leur valeur propre et contribuent à l'amélioration spirituelle de l'individu. Aussi Origène a-t-il bien soin de dire que, alors même que le chrétien ne serait pas exaucé, il aurait, par le seul fait qu'il s'est préparé pieusement à la prière, reçu les plus grands biens. Il insiste, évidemment à dessein là-dessus et de la sorte il essaie de pallier peut-être ce qu'aura de maigre et de rapetissé sa notion de l'exaucement positif.

Le fidèle est préparé pour la prière, les mots vont jaillir de ses lèvres, nous allons semble-t-il entendre les paroles d'une ardente requête. Non, le fidèle ne parle pas, il lève seulement ses yeux vers Dieu, il le regarde ; ses yeux sont transformés, il contemple la divinité face à face. Pour un moment, l'âme du fidèle abandonne le corps auquel elle était liée et cette âme monte vers Dieu, entraînée par l'esprit, que dis-je, non seulement elle est entraînée par l'esprit, mais elle-même devient spirituelle. Nous avons là un magnifique morceau. Mais nous sommes en présence d'une élévation philosophique vers un Dieu transcendant et non d'une prière. Le fidèle ne prononce aucune parole, il contemple. Dieu ne descend pas, c'est l'homme qui s'élève jusqu'à lui.

Origène nous indique un autre avantage de la prière, c'est de nous rendre plus dignes de nous unir avec l'Esprit du Seigneur qui remplit toute la terre. Ici encore nous voyons la tendance à enlever à la prière tout élément qui pourrait influer directement sur la volonté de Dieu. Ce n'est pas Dieu qui agit, c'est l'homme qui par sa prière pourra plus facilement s'unir avec la divinité.

Passons au contenu de la prière. Origène admet que l'on adresse à Dieu des prières formulées, cela suppose donc que Dieu entend tout au moins ces prières. Oui, mais examinons avec soin le contenu propre de ces prières formulées. Prenons la prière de demande, celle sur laquelle nous avons le plus de renseignements, nous pouvons noter les trois points suivants :

1° On doit exclure toute demande matérielle. Nous ne pouvons demander à nos frères de prier pour notre guérison, lorsque nous sommes malades ; demander à Dieu le pain nécessaire à la nourriture du corps est une absurdité à nulle autre pareille. Pourquoi cela ? C'est que le fidèle doit bien comprendre que ces prières pour les biens matériels ne peuvent monter jusqu'à Dieu. Origène le dit quelque part[1], cette voix qui monte ainsi vers Dieu est faible et ne peut être entendue. Comment peut-on songer à importuner l'Etre suprême avec des demandes aussi étrangères à sa nature spirituelle ? Les hommes charnels seuls peuvent songer à cela.

2° Les demandes doivent être purement spirituelles. Elles doivent comprendre les biens de l'âme et de l'esprit, les biens mystiques et seuls vrais. Ces demandes sont permises et recommandées en effet parce qu'elles cadrent avec l'idée qu'Origène se fait de Dieu. Dieu est l'être spirituel

---

[1] *Selecta in Psalmos.* Ps. 4, vers 4.

par excellence, ces demandes sont donc conformes à son essence propre.

3º Ces demandes quoique spirituelles doivent être transformées de telle sorte qu'elles dispensent autant que possible Dieu d'intervenir ici-bas. Et cette proposition est prouvée par l'examen qu'Origène fait de certains passages de l'Oraison dominicale. « Notre Père ! » ce n'est plus le cri qui part, qui jaillit des lèvres dans un moment d'angoisse ou d'abandon pour demander à l'Etre bon par excellence son secours ou lui exprimer notre reconnaissance. Non, ce mot ne doit pas être prononcé à un moment, il perd sa signification de doux appel, il est là seulement pour nous exhorter à vivre d'une façon conforme à notre véritable destinée. « Que ton nom soit sanctifié ! » Ce n'est pas demander à Dieu avec force de rendre tous les hommes respectueux de sa puissance et de sa bonté ; non, c'est le comprendre dans son essence propre, voir bien nettement comment il dirige toutes choses. « Ne nous induis pas en tentation ! » Ici encore la prière de demande est habilement transformée. Dieu ne nous envoie pas de tentations, Dieu se contente de laisser aller nos appétits grossiers afin que, dégoûtés de notre état de péché, nous venions à Lui. De la sorte Dieu n'agit pas. « Mais délivre-nous du mal ! » Ce n'est plus le cri de l'âme qui, terrassée par le péché et voulant se dégager de ses dures étreintes, demande instamment l'assistance divine. Non, nous serons toujours tentés ; nous devons seulement demander à Dieu de ne pas nous laisser décourager dans la tentation.

Fatalement Origène devait être amené en dernier lieu à réduire la prière à une prière intérieure, au recueillement de l'âme, débarrassée de toute pensée étrangère. Cette prière ainsi faite ne pouvait pas en effet être contraire à sa notion de Dieu. Cette prière est toute de pensée intérieure, elle s'accomplit dans le cœur même de l'homme, elle se passe de paroles et ne demande rien.

Fatalement aussi Origène se trouvait conduit à considérer comme prières les actes d'une vie pure. Là aussi toute demande est éliminée et cette prière reçoit son exaucement par le seul fait qu'elle donne à l'individu un accroissement de vie spirituelle.

Nous pouvons sentir encore avec plus de force, semble-t-il, l'influence de la même pensée fondamentale en ce qui regarde l'objet de la prière. Origène fulmine avec une vigueur extrême contre ceux qui adorent des êtres créés. C'est en effet pour lui le comble de l'abomination puisque justement c'est pour éloigner Dieu de tout contact malséant avec la matière créée qu'il lui a donné la transcendance. La véritable prière est donc celle qui s'adressera à l'être le plus transcendant, or, l'être le plus trancendant, c'est Dieu. Ce Dieu transcendant ne souffre personne à son côté, il ne peut pas y avoir deux principes suprêmes, la vraie prière est adressée à lui seul. Les esprits célestes, le Christ, mis bien au-dessous de lui ne doivent pas recevoir les mêmes honneurs.

Voyons maintenant ce qu'Origène dit de l'exaucement. Origène sans doute maintient avec force sa possibilité. Mais sa notion de l'exaucement, toujours sous l'influence de l'idée fondamentale que nous avons établie, se rétrécit singulièrement. D'abord il est des cas où Dieu n'exauce jamais. Dieu n'exauce pas les prières matérielles. La raison en est simple. L'Etre spirituel ne peut pas descendre de son trône pour venir s'occuper d'intérêts aussi bas et aussi étrangers à sa nature propre.

Quand Dieu exauce, ce sont des biens de l'âme qu'il accorde, ces biens seuls en effet sont conciliables avec son essence divine et ses attributs magnifiques.

Et comment s'accomplit cet exaucement ? Dieu fait entrer l'exaucement dans l'ordre providentiel. Il garde sa majesté infinie, mais grâce à sa prescience, il a prévu de toute éternité l'acte pieux accompli par un homme à un moment donné et il arrange l'ordre providentiel pour amener l'exaucement mérité. Il n'y a pas une intervention immédiate de Dieu dans le cours des choses.

Telles sont, nous semble-t-il, les conséquences que la notion de Dieu a eues pour l'enseignement d'Origène sur la prière. Nous devons maintenant mentionner un autre point. Le syncrétisme philosophique de la fin du IIe siècle et du commencement du IIIe avait, à côté de la transcendance divine, une autre doctrine acceptée d'une façon toute aussi générale : la doctrine des êtres intermédiaires. Et cette doctrine n'est, en somme, que la conséquence logique de la première.

Dieu est la source de toute vie et le principe suprême de toutes choses, mais sa spiritualité l'empêche d'entrer en contact avec le monde créé et soumis au péché ; pour résoudre cette antinomie, on imagine alors une série d'êtres intermédiaires qui deviennent les ministres de Dieu, les exécuteurs de sa volonté sainte.

Si Dieu n'intervient pas directement dans le cours des choses, ces esprits interviennent au contraire d'une façon constante, et ils ne se font pas faute d'accomplir les prodiges les plus éclatants. Dieu agit par eux et ne rabaisse pas ainsi sa majesté divine par des compromissions incompatibles avec sa nature.

Tout homme cultivé, tout philosophe admettait l'existence de ces êtres intermédiaires ; Origène a accepté cette doctrine comme tous ses contemporains.

Et de là l'importance qu'il donne aux anges, archanges, aux saints déjà morts, au Christ lui-même. Tous ces esprits célestes sont des intermédiaires. Ils portent au Père les prières des hommes ; de la sorte, l'abîme existant entre la terre et le ciel est franchi et Dieu n'entend plus la voix sensible des mortels, mais le chœur magnifique des anges. De plus, Dieu se sert de ces mêmes esprits célestes pour apporter aux fidèles l'exaucement qu'il veut leur donner ; de la sorte, il n'a pas de contact avec les êtres matériels et n'amoindrit pas sa dignité propre.

On voit donc la grande influence qu'a eue pour l'enseignement d'Origène l'idée fondamentale que nous avons mentionnée au commencement de ce chapitre. La notion de la prière a été entièrement transformée par un spiritualisme extrême. La prière a une tendance à devenir une élévation mystique vers un Dieu transcendant, la demande matérielle est exclue, l'exaucement réduit à l'exaucement spirituel s'accomplissant soit par l'ordre providentiel, soit par les êtres intermédiaires, la prière se confondant finalement avec les actes pieux et la méditation intérieure.

Il faut ajouter qu'une idée chère à Origène venait aider à cette transformation. C'est l'idée que se fait Origène de la liberté. Sans doute par suite du péché l'homme a perdu la beauté première de sa nature spirituelle, mais au fond il reste libre. Cette conviction conduisait évidemment Origène à accentuer la valeur de l'effort personnel, à considérer bien plutôt l'activité humaine que l'activité divine, à voir finalement bien plutôt dans la prière une élévation mystique, individuelle et libre, ou une consécration profonde au bien qu'une demande réelle adressée à Dieu, suivie d'un exaucement venant d'en haut.

CHAPITRE II

INFLUENCE DE LA BIBLE ET DE LA PIÉTÉ PERSONNELLE D'ORIGÈNE SUR SON ENSEIGNEMENT DE LA PRIÈRE.

Origène a été par excellence un homme de la Bible. Il a passé toute sa vie à commenter les Saintes Écritures. Sur tous les livres de l'Ancien et du Nouveau Testament il a écrit soit des homélies populaires, soit de savants commentaires, soit encore de courtes notices exégétiques. Sa connaissance de la Bible est donc profonde. Il cite la Bible à propos de toutes les questions, partout, toujours, en temps et hors de temps.

Le traité *De la prière*, n'échappe pas à la règle générale. Les textes bibliques y abondent et s'étendent parfois démesurément. Dans certains chapitres ils vont jusqu'à occuper presque autant de place que les réflexions personnelles d'Origène. Telles recommandations de Paul sur la prière reviennent constamment à travers les Commentaires et les Homélies et sont de véritables formules stéréotypées. Souvent aussi Origène s'arrête au milieu d'un développement pour expliquer un texte biblique qui n'a qu'un rapport très lointain avec son sujet et se lance alors dans de fatiguantes digressions. Et c'est ainsi que cet emploi vraiment abusif de l'Écriture sainte vient encore ajouter à la lourdeur naturelle du style d'Origène et à l'obscurité de sa pensée.

On peut se demander pourquoi Origène fait d'aussi copieuses citations. N'aurait-il pas mieux fait d'exposer simplement, d'une façon suivie, ses idées originales ? Son enseignement y aurait gagné en clarté et en précision. Sans doute, mais Origène ne peut pas faire cela, car pour lui la Bible est l'autorité suprême, indiscutable. Elle est la vérité. La Bible est bien au-dessus de la philosophie, et si Platon a quelque valeur, Origène est fermement persuadé qu'il a puisé ses doctrines dans l'Ancien Testament. La Bible demeure la norme intangible. Si donc Origène multiplie les exemples bibliques, c'est à dessein : il prétend toujours ne donner que l'enseignement biblique ; il ne veut jamais être qu'un fidèle exégète.

Mais alors une question se pose. Si Origène ne veut jamais être qu'un exégète fidèle comment peut-il soutenir que la Bible par exemple nous enseigne que les demandes matérielles ne peuvent pas être adressées à Dieu et que Dieu n'accorde pas d'exaucements matériels ? Les livres saints nous rapportent de nombreux exemples de demandes et d'exaucements matériels. Origène résoud la question en appliquant à l'interprétation de la Bible la méthode allégorique. Le sens littéral des textes n'est que le sens inférieur, grossier, il faut chercher au dessus une signification supérieure et mystique. Origène a donné tout au long les principes de cette méthode exégétique et il ne se fait pas faute de l'employer. De la sorte on peut tirer des textes tout ce que bon vous semble et croire de bonne foi trouver dans les enseignements bibliques des idées qui leur sont complètement étrangères. C'est ainsi que tout en prenant pour autorité absolue l'Ecriture sainte, Origène en réalité est très libre à son égard.

Cependant il faut reconnaître que l'exégèse d'Origène, n'était pas toujours aussi fantaisiste. Les enseignements bibliques n'étaient pas toujours allégorisés et Origène leur donnait souvent leur sens et leur portée. Certains textes bibliques ont dû contribuer à donner à Origène la notion de la prière que nous avons indiquée dans notre précédent chapitre. L'influence de ces textes serait venue alors s'ajouter à l'influence déjà exercée sur la prière par son idée de Dieu.

Par exemple Origène donne une grande importance à cette parole : « Demandez des choses grandes et les petites vous seront ajoutées, demandez des choses célestes et les terrestres vous seront ajoutées ». Αἰτεῖτε τὰ μεγάλα, καὶ τὰ μικρὰ ὑμῖν προστεθήσεται, αἰτεῖτε τὰ ἐπουράνια καὶ τὰ ἐπίγεια ὑμῖν προστεθήσεται. Cette parole n'est pas contenue sous cette forme dans nos recueils actuels des écrits sacrés [1] ; mais il est bien certain qu'elle a comme Ecriture sainte joué un grand rôle dans la pensée d'Origène. Elle a certainement contribué à spiritualiser sa notion de la prière ; elle n'a pas seulement été un prétexte dont se serait servi notre penseur pour développer ses idées propres, mais elle a été une force qui l'a poussé vers le spiritualisme extrême que nous avons rencontré.

[1] Le texte qui s'en rapproche beaucoup est Matthieu 6, 33.

Il en est de même pour l'affirmation que la vraie prière s'adresse à Dieu seul et non au Christ ; sans doute l'idée qu'Origène se faisait de Dieu exigeait que la vraie prière soit adressée à lui seul, mais ici également les textes bibliques sont venus à l'appui de sa conviction. Origène montre à plusieurs reprises que dans la Bible il nous est dit que le Christ lui-même priait le Père et qu'il enseignait à ses disciples à le prier, leur défendant de l'appeler bon mais réservant ce titre pour Dieu seul.

Enfin la théorie des êtres intermédiaires qu'Origène a pu hériter de ses contemporains, et qui lui était nécessaire pour son système, a également dû être recommandée à l'attention de notre penseur par les nombreux textes bibliques qui parlent des êtres célestes. Dans la Bible, Origène trouvait une angélologie assez développée. Dans l'Epître aux Hébreux Christ lui était bien représenté comme le grand prêtre et le souverain intercesseur.

Mais l'influence biblique s'est encore fait sentir d'une autre façon. Nous avons vu dans le chapitre précédent que logiquement Origène était amené par sa notion de Dieu à volatiliser la prière de demande et l'exaucement positif. Nous croyons qu'une des puissances qui l'en ont empêché est la Bible.

La Bible lui donnait de nombreux exemples de prières formulées. Origène ne pouvait pas, étant donné son attachement au livre sacré, traiter à la légère ces exemples qui lui étaient ainsi présentés. Le Christ a, lui aussi, adressé des prières au Père, plusieurs nous sont rapportées dans l'Evangile,

Origène ne l'ignorait pas. Sans doute il pouvait transformer grâce à la méthode allégorique une demande matérielle en demande spirituelle, mais cependant il ne pouvait pas faire d'une prière formulée une prière intérieure. Il y a eu évidemment là une poussée sur l'esprit d'Origène qui l'a forcé à conserver la prière positive s'exprimant par des mots.

Le texte de Paul (1 Timothée **2**, 1) d'après lequel notre penseur distingue les diverses sortes de prières semble avoir eu sur son esprit une force toute spéciale. Il revient souvent dans ses écrits et il a contribué sans doute à donner aux idées d'Origène sur la prière plus de précision en le forçant à définir les diverses prières.

De même la Bible rapportait à Origène de nombreux exemples d'exaucements ; grâce à la méthode allégorique il pouvait ici également tranformer ces exaucements, il ne pouvait pas cependant les faire complètement disparaître. Le Christ avait dit : « Demandez et on vous donnera ; quiconque demande reçoit », et Origène, nous l'avons vu, insiste sur ces paroles quand il parle de l'exaucement de la prière. En ce qui concerne la préparation à la prière l'influence biblique est aussi particulièrement sensible. A la suite du Christ, Origène recommande la sincérité et flétrit l'hypocrisie ; il demande comme lui la pureté du cœur et exhorte ceux qui prient à se recueillir avec soin. Origène insiste beaucoup sur le pardon des injures ; or le Christ en fait une condition essentielle de la vraie prière. Sur ces points Origène s'est assimilé la moelle pure de l'Evangile. Ses idées sur la préparation à la prière ne sont que l'écho fidèle de l'enseignement biblique.

Ainsi grâce à l'influence de la Bible, Origène conserve certaines positions que sa notion de Dieu lui défendait de garder. Par elle il a dû être conduit à affirmer la réalité de l'exaucement et la nécessité de la prière de demande bien qu'en leur donnant une valeur spirituelle. De plus, la Bible l'éclaire dans ce qui a trait à la préparation à la prière.

Nous avons à voir maintenant une autre puissance qui est venue, également renforcer l'influence biblique et rendre, pour Origène, la prière de demande nécessaire et l'exaucement certain. Cette puissance c'est la piété personnelle de notre penseur.

Il est bien difficile de parler de la piété d'un homme ; les mouvements de l'âme se trahissent assez mal au dehors, tout le travail intérieur qui s'accomplit dans une conscience est caché aux yeux des profanes. Déjà quand un homme prie devant nous il est bien difficile de se faire un compte exact de ce qui forme la racine même de sa piété et la raison d'être de ses prières. A plus forte raison quand il s'agit d'un chrétien ayant vécu au troisième siècle, qui savait fort bien disserter sur les questions philosophiques, mais qui ne songeait en aucune façon à s'analyser lui-même et à mettre par écrit les résultats de ses expériences. Nous ne pouvons donc dire sur la piété personnelle d'Origène que ce que nous en apprennent les textes et ils ne nous en apprennent pas long.

Un premier fait nous semble d'abord s'imposer, c'est que Origène devait dans toute la force de ce mot être un homme de prière. La prière devait être pour lui une habitude constante. Dans ses ouvrages nous le voyons à chaque instant implorer l'assistance divine. Au commencement de son traité *De la prière* il demande à Dieu de l'inspirer afin de pouvoir écrire un livre vraiment digne d'un tel sujet. Au début et à la fin de plusieurs des livres du *Contre Celse* il implore le secours divin pour qu'il lui soit donné de défendre hardiment la cause chrétienne et de détruire les raisonnements impies de son adversaire. Au commencement du 6° tome du *Commentaire sur l'Evangile selon St-Jean* nous le voyons demander à Dieu humblement de lui permettre de continuer son œuvre interrompue.

A chaque instant enfin, dans ses homélies, nous le voyons s'arrêter pour demander à ses auditeurs de prier Dieu pour l'explication d'un passage difficile ou bien pour prier lui-même le Père des lumières de lui éclairer l'intelligence.

Ces divers traits nous prouvent bien qu'Origène mêlait la prière à tous ses travaux. Il sentait que seul il ne pouvait pas mener à bonne fin son œuvre, il avait besoin de l'aide de Dieu, d'un secours positif d'en haut.

Mais Origène ne priait pas seulement pour que Dieu lui donne de plus grandes forces intellectuelles, il demandait aussi à Dieu un accroissement de forces morales. Cela nous est prouvé par deux sortes de textes :

1° Il arrive souvent dans ses homélies qu'après

avoir expliqué un passage de la Bible ou bien à la fin de son discours, il s'arrête et invite les fidèles à demander à Dieu les bienfaits contenus dans l'Ecriture. Ces demandes sont toutes spirituelles ; nous n'avons pas pu en trouver une seule matérielle. Origène exhorte ses auditeurs à demander la visite du Verbe, la délivrance du péché, des démons, la destruction des instincts charnels. Ne peut-on pas conclure de ce fait qu'Origène dans ses propres prières ne devait adresser à Dieu que des demandes spirituelles puisqu'il n'attendait des autres que ces seules demandes ?

2° Mais nous avons aussi dans les homélies quelques courtes prières d'Origène. Ces prières sont remarquables par la piété qu'elles manifestent. Voici, à titre d'exemple, une prière adressée au Christ et qui dénote chez Origène une humilité vraiment touchante. « Fais Seigneur Jésus que je mérite de posséder quelque chose qui puisse contribuer à embellir ton tabernacle. Je souhaiterais s'il était possible, qu'il y eût en moi de cet or dont on fait le propitiatoire ou qui sert à couvrir l'arche et à fabriquer la lampe du sanctuaire. A défaut d'or que ne puis-je du moins offrir un peu d'argent pour aider à construire les colonnes ou leurs bases ? Sinon rends moi digne de devenir une partie de cet airain dont se forment les anneaux du tabernacle et le reste des ornements que décrit la parole divine [1] ».

Nous croyons que la piété personnelle d'Origène débordant de son cœur a brisé les limites étroi-

---

[1] **13**° *Homélie sur l'Exode*, 3, (traduction donnée par l'abbé Freppel, *Origène*, tome II°, p. 205).

tes que sa notion de Dieu avait données à la prière. Il y a eu un mouvement puissant qui, partant du plus profond de l'âme de ce grand chrétien est venu élargir, enrichir ce que sa notion première de la prière pouvait avoir de raide et de pauvre. Sans doute Origène ne demande pas de biens matériels, mais sa demande spirituelle monte, pressée, vers Dieu ; on sent l'effusion de la piété qui se donne libre cours, qui appelle Dieu et attend de lui l'exaucement demandé. Et cela est constant chez Origène ; lorsque notre penseur discute, quand il disserte sur les problèmes philosophiques il est d'un rationalisme sec et rebutant, mais lorsqu'il laisse parler son cœur, aussitôt tout se transforme, la note plus tendre apparaît et nous découvrons chez ce philosophe grec une âme profondément chrétienne, toute pleine d'humilité et de pieux abandon.

Cette piété profonde d'Origène, nous la retrouvons aussi dans son traité *De la prière*. Lui, qui fulmine contre les gens qui acceptent l'anthropomorphisme, il en fait à son tour. Il dit fréquemment que Dieu nous voit, qu'il regarde les mouvements de notre âme, qu'il entend nos prières. Sans doute en disant cela il n'accepte pas les idées grossières qu'il combat ailleurs, mais avec ces paroles nous sommes loin de ce Dieu transcendant, infiniment spirituel qui est le Dieu de sa dogmatique. Et cela est si vrai que parfois Origène arrive à écrire des mots qui l'auraient étonné lui-même s'il avait pu résister, au moment précis où il écrivait, aux mouvements de sa piété et laisser agir sa pensée philosophique. Dans son traité *De la prière*, il va jusqu'à dire que Dieu ne fuit pas celui qui le prie avec recueillement, qu'il ne l'abandonne pas, mais qu'il élit sa demeure en lui avec le Christ, suivant qu'il est dit « moi et mon père nous viendrons à lui et nous ferons notre demeure en lui[1] » (Jean **14**, 23). Plus loin il répètera la même parole de l'Évangile de Jean, rappelant encore que Dieu et le Christ habitent dans l'âme parfaite[2]. Une fois même il va jusqu'à supposer que Dieu lui-même intervient personnellement, disant à celui qui prie « Vois, je suis ici » pour le récompenser d'avoir rejeté avant la prière tout doute à l'égard de la Providence[3].

Tous, lorsque nous essayons de nous représenter Dieu et de le prier, nous employons forcément des paroles anthropomorphiques. Origène n'a pas pu échapper à cette nécessité de l'esprit humain. Quand il ne raisonne pas en philosophe, mais qu'il donne libre cours aux élans de sa piété, il a, lui aussi, forcément recours à l'anthropomorphisme.

Ainsi nous croyons que, par l'influence des enseignements bibliques et par sa piété personnelle, Origène a été conduit à garder fermement l'exaucement positif et la demande positive. Ces deux courants dont l'un surtout, le courant provenant de sa piété intime, devait être très fort, sont venus se heurter à sa notion première de la prière directement influencés par son idée de Dieu et ont ainsi donné à l'enseignement d'Origène un

[1] P. E. **20**, 2.
[2] P. E, **25**, 1.
[3] P. E, **10**, 1.

caractère particulier. Sans doute la prière est toujours d'une haute spiritualité, Dieu n'entre pas directement en rapport avec les êtres créés, mais il accorde cependant les biens de l'âme, il s'intéresse à la vie spirituelle des créatures. Le croyant ne contemple pas seulement son Dieu, il lui parle, lui expose les besoins de son cœur, les détresses de son âme, étant sûr de l'exaucement de ses demandes.

CHAPITRE III

LA PIÉTÉ CHRÉTIENNE POPULAIRE
ET L'ENSEIGNEMENT D'ORIGÈNE SUR LA PRIÈRE

Origène a été, dans toute l'acception de ce mot, un militant. Toute sa vie il a combattu. Par sa parole, par ses écrits, il a attaqué les gnostiques, les païens, les philosophes. S'il ne ménageait pas ses critiques aux gens du dehors, il lui arrivait aussi d'adresser de sérieuses exhortations et parfois de rudes réprimandes aux chrétiens eux-mêmes, aux simples sans culture qui, trop souvent à son gré, tombaient dans un littéralisme excessif en interprétant la Bible ou dans des pratiques superstitieuses condamnables. Certaines des idées d'Origène sur la prière ne s'expliquent que par réaction contre les usages établis de son temps dans l'Eglise parmi les hommes non cultivés.

Quelle pouvait donc être cette piété populaire, quels pouvaient être ses caractères distinctifs ?

Les chrétiens d'Alexandrie, au temps d'Origène, devaient faire à Dieu des prières matérielles; ils devaient lui demander les biens du corps. Ce fait seul peut expliquer l'insistance avec laquelle Origène condamne dans tous ses écrits les demandes de cette nature. Lorsqu'il fait, dans son traité *De la prière*, l'exégèse de la parole de l'oraison dominicale : « Donne-nous aujourd'hui notre pain quotidien », il affirme en propres termes que certains (τινές) entendent par là la demande du pain matériel [1]. Et cette disposition chez les simples était toute naturelle. L'Ecriture était pour eux l'autorité souveraine, ils y trouvaient des exaucements matériels et tous ne pratiquaient pas la méthode allégorique. De plus, ils avaient de Dieu une conception très anthropomorphique. Concevant Dieu comme un être qui possède un corps, qui se promène parmi les hommes et vit de leur vie, il devenait tout naturel que, le sentant plus près d'eux et plus semblable à eux, ils lui fissent des demandes matérielles.

Ces chrétiens adressaient au Christ des prières, le plaçant sur la même ligne que Dieu, lui rendant les mêmes honneurs ; ils allaient même jusqu'à prier le Christ seul, sans le Père [2]. Origène donne pour cause à ce grave manquement la simplicité d'esprit, l'absence de réflexion et de discernement [3] ; n'ayant pas reçu d'éducation philosophique, les gens du peuple n'éprouvaient pas le besoin qu'avaient les penseurs du temps, de placer Dieu au-dessus de tout, même au-dessus des esprits célestes.

Dans la piété populaire, l'angélologie avait pris un développement extraordinaire. Les armées célestes remplissaient les airs, l'ange gardien accompagnait le fidèle commis à ses soins ; les êtres

---

[1] P. E, **27**, 1
[2] P. E. **16**, 1.
[3] id. Pour l'attitude hostile des simples vis-à-vis de la philosophie, voir E. de Faye, *Clément d'Alexandrie*, p. 126-149.

spirituels étaient associés de la façon la plus étroite aux événements journaliers, à la vie de l'Eglise. La croyance aux démons était tout aussi répandue. Les démons, eux aussi, volaient dans les airs et se trouvaient partout. Ils venaient tourmenter les humains, leur suggérant des pensées diaboliques et souvent ils livraient bataille contre les anges afin de les empêcher de prêter secours aux croyants. Nous trouvons ces divers traits à chaque page des *Homélies* d'Origène. Le peuple à qui ces homélies étaient adressées devait, évidemment, avoir les mêmes conceptions sur les anges et les démons, en exagérant encore l'influence de ces puissances surnaturelles, en les faisant intervenir à tout propos dans le monde et la vie des individus.

La piété populaire devait aussi user de certaines pratiques relatives à la prière. Le fait de s'agenouiller pour la prière et de tourner ses regards vers l'Orient lorsqu'on accomplissait cet acte sacré, était une habitude courante [1]. On avait dû, de même, déterminer pour chaque jour certaines heures spécialement réservées à la prière, le matin, au milieu de la journée et le soir ; enfin on faisait aussi une prière au milieu de la nuit. L'Eglise, le lieu où s'assemblaient les croyants occupe, alors, dans l'esprit du peuple une grande place ; c'est là en effet, de préférence, que les anges du Seigneur habitent ; c'est le sanctuaire séparé du monde, où les chrétiens se trouvent seuls en présence de toutes les puissances d'en

---

[1] 5ᵉ *Homélie sur les Nombres*, 1.

haut. Origène a développé ces idées dans son traité *De la prière*[1] ; il est tout naturel que les croyants aient eu pour leur lieu de réunion une telle estime et si les anges volent partout ils doivent évidemment s'attacher d'une façon plus particulière au lieu saint où le culte est offert à Dieu et où les chrétiens puisent dans la communion fraternelle des forces contre les persécutions du dehors.

Nous croyons cependant qu'il serait faux de ne voir dans la piété populaire qu'un amas de superstitions grossières et de pratiques extérieures. Il y avait chez ces hommes du peuple un sentiment religieux très intense. Tout le monde, à ce moment-là, était emporté par des aspirations religieuses très profondes et les chrétiens d'Alexandrie qui avaient souffert pour leur foi, devaient posséder des trésors de piété vraie.

Cette piété populaire a évidemment contribué à donner à la prière d'Origène par réaction un caractère spirituel. Cependant nous pouvons constater qu'ici sa position est plutôt médiate. Origène veut rester en contact avec le christianisme populaire de son temps, sans aucune compromission, mais en l'élevant vers une notion plus haute de la prière.

Il ne faut pas faire de prières matérielles sans doute et Origène sur ce point est catégorique, mais il essaie cependant de tourner un peu la question. Il dit que les biens terrestres sont les ombres qui accompagnent les biens célestes. De

---

[1] P. E, **31**, 6.

la sorte Dieu n'accorde pas les biens terrestres comme exaucement de la prière, mais les biens terrestres sont envoyés d'une façon indirecte, étant attachés aux autres comme l'ombre d'un objet est attachée à cet objet.

De même Origène défend d'adresser la προσευχή au Christ, mais il accepte qu'on lui adresse d'autres prières : prières de demande, d'intercession, d'actions de grâces et il garde ses droits comme grand-prêtre et intercesseur. Si d'un côté le peuple chrétien pouvait être effrayé de la théorie d'Origène, de l'autre il pouvait s'en consoler quelque peu.

En ce qui concerne les anges Origène accepte également les idées de ses coreligionnaires. Il vivait autant qu'eux dans le surnaturel. Cependant, ici encore, il précise les fonctions des anges ; il les subordonne entièrement à Dieu. Les anges veillent, mais c'est Dieu qui les envoie. Origène insiste là-dessus ; il ne faudrait pas croire que les esprits célestes se trouvent par hasard auprès des fidèles qui prient, accomplissant à leur guise une tâche indépendante, non, ils sont spécialement délégués par Dieu[1].

Origène a aussi accepté la doctrine des démons, mais il semble parfois lui donner un ton plus spirituel. Les démons paraissent, à maintes reprises, avoir perdu leur caractère d'êtres personnels et se confondre avec les mauvaises pensées.

Remarquons enfin qu'Origène, tout en acceptant les pratiques extérieures de la piété courante de

---

[1] P. E., 11.

son temps leur enlève tout caractère magique. Il en est de même en ce qui concerne la valeur de l'Eglise comme lieu de prière des saints.

Origène pouvait toujours de la sorte demeurer en communion d'esprit avec le peuple chrétien. Il pouvait d'autant mieux demeurer en communion avec lui que, sur le terrain de la foi religieuse profonde, du sentiment religieux interne, un courant de sympathie commune devait les unir. Origène toute sa vie a prêché au peuple, mieux que tout autre il pouvait, tout en reconnaissant ce qu'il y avait de vraiment beau dans ses aspirations religieuses, l'amener vers plus de spiritualité.

CONCLUSION

Nous avons essayé de dégager des textes, en en montrant la genèse et les caractères généraux, l'enseignement d'Origène sur la prière. On peut discuter sur la valeur spécifiquement chrétienne de cet enseignement. Tout dépend de la notion qu'on se fait de la prière du Christ. Mais en tout cas l'enseignement d'Origène comme document historique demeure d'une grande valeur.

Ayant comme tous les penseurs de son temps une notion transcendante de Dieu, il a pu montrer à l'élite intellectuelle demeurée païenne que, tout en étant chrétien, on pouvait cependant laisser à Dieu sa majesté magnifique et ne pas rabaisser sa dignité en le mêlant trop directement aux choses d'ici-bas. Par là sa théorie de la prière devenait acceptable pour tout esprit cultivé. Cependant l'influence des enseignements bibliques et son expérience personnelle amenèrent Origène à garder les éléments positifs de la prière en leur donnant une note plus mystique et plus tendre. Enfin l'enseignement d'Origène tout en conservant sur certains points l'empreinte des croyances populaires chrétiennes sur la prière, limitait pourtant ces croyances et les transformait en un spiritualisme élevé. L'œuvre d'Origène se présente ainsi à nous comme une entreprise noble et hardie. Le christianisme, pour être une puissance dans le monde grec, devait se mettre à la hauteur intellectuelle des doctrines philosophiques courantes, sans pour cela renier le contenu spécifique de sa foi et ses attaches avec la pratique chrétienne populaire. Venant à son heure, l'enseignement d'Origène sur la prière a dû instruire et édifier bien des âmes et il peut être encore pour nous une source de sérieuses réflexions et d'inspirations profondes.

TABLE DES MATIÈRES

	Pages
Introduction	5

PREMIÈRE PARTIE. — *Exposé de l'Enseignement d'Origène sur la Prière.*

Chapitre premier. — La Nécessité de la Prière	9
Chapitre II. — La Préparation à la Prière et les Avantages qu'elle comporte	13
Chapitre III. — Le Contenu de la Prière	22
Chapitre IV. — A qui devons-nous adresser nos Prières ?	41
Chapitre V. — L'Exaucement de la Prière.	47

DEUXIÈME PARTIE. — *Examen de l'Enseignement d'Origène sur la Prière.*

Chapitre premier. — Idée directrice de l'Enseignement d'Origène sur la Prière et ses conséquences	53
Chapitre II. — Influence de la Bible et de la Piété personnelle d'Origène sur son Enseignement de la Prière	66
Chapitre III. — La Piété chrétienne populaire et l'Enseignement d'Origène sur la Prière	77
Conclusion	83

www.ingramcontent.com/pod-product-compliance
Lightning Source LLC
LaVergne TN
LVHW050605090426
835512LV00008B/1357